独学

RELIGIOUS STUDIES

世界の深層をつかむ

宗教学

中村圭志

KEISHI
NAKAMURA

Discover

はじめに

　宗教学は、世界じゅうのさまざまな宗教について、信仰の立場を離れて、客観的に研究する学問です。単一の学問ではなく、人類学、社会学、心理学、歴史学、文献学、民俗学……等々、様々な学問的手法の総体です。

　本書は、宗教学の世界に触れ、その考え方や基本的用語を知ると同時に、世界のさまざまな宗教についての基礎知識を得るための独習型のワークブックとして企画されました。

　全体を（のべ）15日でクリアするように設計してあります。15というのは大学の半年の講義日数ですね。それをさらに3つの週に分けてあります。それぞれの週の特徴を紹介しましょう。

◉第1週（5日間）
宗教についてのよくある質問にざっと答えるという内容です。日本人は「無宗教」の人が多く、宗教についての基本的イメージがあまりはっきりしません。そこで半ば頭の体操的に宗教の諸相に触れてもらえるようにしました。

◉第2週（5日間）
思想性の高い、世界の重要な宗教——ユダヤ教・キリスト教・イスラム教という3つの一神教と、日本にとくに縁の深い仏教——の歴史と教えのABCを学ぶ週となっています。最後の日には、他の大事な宗教も概観します。

◉第3週（5日間）
宗教と隣接する4つの領域——哲学、科学、政治、経済——について、少しつっこんだ解説をします。ここまでくると、宗教についてのあなた自身の宗教学的見解も出来上がってくるかもしれません。最終日には、宗教学という学問の体系を整理することにしましょう。

毎回ちょっとした**テスト**があります。それまでのページを振り返りながら、取り組んでみてください。宗教の世界には単純な正解はあまりありません。答えが合っているか間違っているかということにこだわらずに、ご自身の思考の整理として利用してください。各講義日の最終ページに解答例がありますが、さっさと見てしまっても構いません。

　本書をどのように使おうとご自由です。ひととおり眺めることで、宗教というものが、世界の時事的な問題と、あるいは私たち自身の日常と、深くかかわっていることがお分かりいただけるでしょう。それは決して「信仰心が大事だ」ということではありません。宗教は矛盾に満ちた古代からの文化です。宗教を批判的に眺めることもまた大事です。

　本書で独学することで、その意味がお分かりいただけるようになると思います。

　では、グッド・ラック！

中村圭志

メルマガ登録であなたの独学をサポート!

本書は3週間で宗教学の基礎から発展までを学べるカリキュラムとなっています。
1週間ごとに大きなテーマに分け、3段階で宗教学への理解を深める構成です。

1週間はそれぞれ5日間に分かれており、1日1トピックを学びます。
毎日、トピックに応じた問題が出題されるので、読むだけではなく、自ら考えて積極的に学習を進めることができます。
3週間後には、きっと宗教学の面白さと深みを実感できるはずです。

けれども、「学ぶペースをつくるのが難しい……」「ちゃんと理解できているか不安……」という人もいるでしょう。
そこで、メールマガジンによる「独学サポートサービス」をご提供いたします。

下記のQRコードよりメールマガジンにご登録いただくと、その日から1週間ごとに各週のまとめ解説と復習問題をお送りいたします。
メールマガジンを読み、問題を解くことでより理解が深まり、学習のペースをつくることができるはずです。

ぜひ、自分だけの学びを実現させましょう!

URL ▶ https://d21.co.jp/special/selfstudy-theology
ID ▶ discover2783
PASS ▶ theology

CONTENTS

はじめに ———————————————————— 002

第 **1** 週

宗教とは何か？
よくある疑問から考える

第 **1** 日 ———————————————————— 011

宗教の根幹「救い」とは何か？
3つの「救い」で宗教をよみとく

第 **2** 日 ———————————————————— 025

「霊」は命、「神」は力を表す
どこに存在するのか？　どんな「霊」「神」があるのか？

第 **3** 日 ———————————————————— 039

教典の使われ方を知る
「聖書」「コーラン」「お経」とは何か？

第 **4** 日 ———————————————————— 053

日本人はなぜ「無宗教」なのか？
日本人にとっての宗教とは何か？

第 **5** 日 ———————————————————— 069

愛や平和を説く宗教がなぜ紛争を招くのか？
どんな対立が起こるのか？　カルトとは何か？

第 **2** 週

世界をよみとく4つの宗教
歴史と教えの基礎を学ぶ

第 ① 日 ———————————————————— 087

〈ユダヤ教〉キリスト教とイスラム教のルーツを学ぶ
一神教の始まり、旧約聖書、さまざまな戒律

第 ② 日 ———————————————————— 103

〈キリスト教〉世界で信者が最も多い宗教を学ぶ
新約聖書、救世主キリスト、カトリックとプロテスタントの違い

第 ③ 日 ———————————————————— 119

〈イスラム教〉時事問題の理解の手がかりを学ぶ
預言者ムハンマド、神政共同体、イスラム法

第 ④ 日 ———————————————————— 133

〈仏教〉知っているようで知らない日本の主流の宗教を学ぶ
輪廻転生、修行と解脱、悟りと安心

第 ⑤ 日 ———————————————————— 149

さまざまな宗教の概要を学ぶ
ヒンドゥー教、儒教、道教、神道、ゾロアスター教、新宗教など

第 **3** 週

宗教とさまざまな分野とのかかわり
現代の社会課題へのヒント

第 **1** 日 ————————————————————————— 165

宗教と哲学
神学、東洋思想、神の存在

第 **2** 日 ————————————————————————— 181

宗教と科学
呪術から科学へ、天動説と地動説、反進化論

第 **3** 日 ————————————————————————— 195

宗教と政治
世俗化と政教分離、制度的癒着、イスラム共同体

第 **4** 日 ————————————————————————— 209

宗教と経済
神と富、公共事業、キリスト教と資本主義

第 **5** 日 ————————————————————————— 223

宗教学の方法・まとめ
宗教学を構成するさまざまな学問

今後の独学に役立つ本 ———————————————————— 237

第 **1** 週

宗教とは何か?

よくある疑問から考える

❦

第 (1) 日

宗教の根幹「救い」とは何か?

第 (2) 日

「霊」は命、「神」は力を表す

第 (3) 日

教典の使われ方を知る

第 (4) 日

日本人はなぜ「無宗教」なのか?

第 (5) 日

愛や平和を説く宗教がなぜ紛争を招くのか?

「宗教」という言葉を聞いて、
何を思い浮かべるかは人によって違います。

ある人は葬式を思い浮かべ、
またある人は終末カルトを思い浮かべます。
チャリティー活動を挙げる人もいれば、
押し付けがましい勧誘を思いだす人もいるでしょう。
レオナルド・ダ・ヴィンチの『最後の晩餐』や
J.S. バッハの『マタイ受難曲』のような
芸術的なものもあれば、
ピラミッドやマヤの神殿のような
歴史的なものもあるかもしれません。
ほかにも、アメリカの共和党を支える福音派の政治活動や、
山奥の寺でひっそり修行を続ける禅僧や密教行者の姿など、
「宗教」のイメージは千差万別です。
これだけ多様性に満ちているのだから、
「宗教っていったい何？」という質問が出てくるのは当然です。

宗教は、人間の複雑性や多様性を反映したものです。
そんな宗教を「救いって何？」「神様はいるの？」
というシンプルな問いから見ていきましょう。
きっと、宗教が実は身近であり、私たちの考えや行動に
密接につながっていることが分かるはずです。

第 1 日

宗教の根幹
「救い」とは何か?

3つの「救い」で宗教をよみとく

宗教は3つの「救い」で理解する

「救い」のイメージを具体的に分ける

　「宗教」という言葉は「救い」という言葉と結びついています。信者たちは「救い」を求めて「宗教」を実践している、とひとまず考えていいでしょう。では、その「救い」とはいったいどのようなものなのでしょうか？

　「救い」「救う」という言葉そのものは、宗教とは必ずしも関係がありません。医者が患者を救う、消防隊に救い出される、年功序列では若者たちに救いがない、など多くの場合は、身体的あるいは経済的な、つまり即物的で実効的な形での救い——安全や安定の確保——を意味しています。各種のカウンセラーによる救いは心理的・精神的救いですが、生活の立て直しなど身体的・経済的な救いにつながっています。

　宗教の場合はどうでしょう？　実は「これが宗教の救いだ」という一つのものがあるわけではないのです。物理的な救いから精神的な救いまで、多様なものが含まれています。

　ここでは便宜的に3種に分けて説明しましょう。

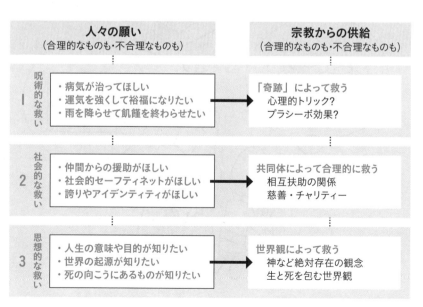

	人々の願い （合理的なものも・不合理なものも）	宗教からの供給 （合理的なものも・不合理なものも）
1 呪術的な救い	・病気が治ってほしい ・運気を強くして裕福になりたい ・雨を降らせて飢饉を終わらせたい	「奇跡」によって救う 　心理的トリック？ 　プラシーボ効果？
2 社会的な救い	・仲間からの援助がほしい ・社会的セーフティネットがほしい ・誇りやアイデンティティがほしい	共同体によって合理的に救う 　相互扶助の関係 　慈善・チャリティー
3 思想的な救い	・人生の意味や目的が知りたい ・世界の起源が知りたい ・死の向こうにあるものが知りたい	世界観によって救う 　神など絶対存在の観念 　生と死を包む世界観

1　呪術的な救い

　第１に、奇跡を起こすといったような、呪術的な救いがあります。いわゆる現世利益です。マリア様に祈って病気を治そうとする、加持祈祷で厄を落とす、交通安全のお札をもらう——これらは文字通りに受け取るならば、医者による救いと同様の、即物的で身体的な救いということになります。「事業が成功しますように」と祈るならば、経済的な救いですね。そういう超常現象のような救いが実際に起こるとは信じがたいけれども、少なくとも信者の主観においては、これら除災招福的な救いは即物的な性格のものなのです。

2　社会的な救い

　宗教教団に入れば、多くの場合、仲間が得られます。人間は仲間がいるだけで精神的に安定しますし、即物的な形で慈善や手伝いなどの恩恵を受けることもできます。教団が「神の名において」慈善活動を行ったり病院を経営したりする場合もあるでしょう。宗教的な救いと称しつつ、実質的に、役所や企業、ボランティア団体など世俗の組織と同じことを行っているのです。

　第１の奇跡による呪術的な救いと比べて、第２の救いは合理的だと言えますね。信仰をともにする者たちが集まって、救いあっている。人からの救いが天からの救いと呼ばれるのです。

3　思想的な救い

　人間には想像力があるので、ときに答えのないような問いを発することがあります。「人生は何のためにあるのか？」「世界はなぜ存在するのか？」「死後はどうなるのか？」——こういった問いはあまりに大きすぎて、どんな答えをもってきても決定的なものになりません。ほとんどの人はこれらの問い

013

に答えがなくても平気でしょうが、人によっては、あるいは青年期などには、こうした問いへの答えが得られない限り、人生が一歩も進まないと感じられる——そんなこともあるのです。一種の精神的危機ですね。

伝統的に宗教は、こうした状況を乗り越える道の一つとなっています。その場合、宗教は思想的な迷いにある人を思想的に「救う」ことになります。

思想的な救いを得た人は、宗教の提示する人生の見取り図——神仏の導きという建前で語られた世界観——の中で、この先暮らし続けることになります。

第1週 第2週 第3週 ① ② ③ ④ ⑤

信仰に「答え」はあるのか?

宗教の答えが客観的に見て本当の答えと言えるかどうかは、また別の問題です。たとえば「人生は何のためにあるのか?」という問いを抱えた人が、宗教の「神に尽くすためにある」という「答え」を得て、心理的に満足したとしても、果たしてそれで一件落着となるものでしょうか? その「神」が何であるのか、「神に尽くす」とは具体的にどういうことであるのかは、この先に続く信仰生活の中で探っていくしかありません。

宗教は、手に負えないほどに大きな問いをひとまとめにして「神」という大いなる言葉で受け止めることで、信者を際限なき問いへの心理的不安から解放し、具体的な人生そのものへと軟着陸させようとしているのだ、という見方もできるのです。

こ こ に 注目! 救いのとらえ方は人それぞれ

宗教に入信する人は、病気治しなど第1の呪術的な救いを求めているかもしれません。しかしいったん宗教生活に馴染んでみると、救いの多くは第2の社会的な救いによることが分かるでしょう。そのうえで、たとえば死の不安を抱いたときに「死後には来世がある」という世界観を得て、第3の思想的な救いの中に生きるようになる、ということが考えられます。

信者のみなが同じ救いを得ているわけでも、願っているわけでもありません。意識して入信したのではない、親あるいは先祖の代からの信者の場合、と

くに救いを意識せずに暮らしているのがふつうです。「信者＝信仰熱心」というふうには決めつけられません。

そもそも宗教というのは、思想というよりも、一種の生活習慣として成立しているものです。宗教の習慣を守っているからといって、そこにいちいち救いを求めたり、救いを感じたりしているわけではないのがふつうです。

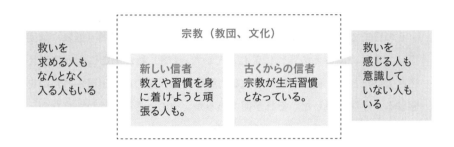

救いは社会全体に浸透する

ここで説明した「宗教」には、教団のような狭いもののみならず、伝統社会が保持している宗教文化のような広いものも含まれることにご注意ください。

たとえば欧米人がキリスト教的な伝統に感化されて、寄付などチャリティーに熱心だという場合、社会全体がいわば一種の宗教団体として社会的な救いを提供しているわけです。

次の文を読んで「救い」のイメージを言葉にしましょう。

　ある火曜日の晩、家庭もなく友人もなく、死にかかった酔っ払いの私は、ハーレム〔ニューヨークの地域名〕のある酒場に腰かけていた。酒代になるものはみんな質に入れるか売ってしまうかしてしまっていた。〔略〕

　その日までの四晩つづけて、真夜中から朝まで、私は振顫（振戦）譫妄症、つまり、ふるえの発作に苦しんでいた。〔略〕私がそこに坐って考え込んでいたとき、私はなにか偉大な力強いお方が目の前に出現されたのを感じるような気がした。それが何であるか、そのとき私にはわからなかった。あとになって、私はそれが罪人の友、イエスであることを知ったのだった。〔略〕

　街上で行き倒れになって死んだって、二度と酒なんか飲むものか、と私は言った。そしてほんとうに私は、そのことが朝になる前に起こりそうな気がした。何者かが言った、「お前はその約束を守るつもりなら、行って監禁されろ！」と。私は最寄りの警察署に行って監禁された。

（ウィリアム・ジェイムズ『宗教的経験の諸相』、桝田啓三郎訳、岩波文庫上305-306 ページ）

これは 100 年以上前にアメリカで刊行され、今も名著として知られている本からの引用です。ここに書かれた「私」はニューヨークに住むアルコール中毒患者です。彼がアルコール中毒から抜け出すきっかけとなったのが、イエス・キリストが出現したという体験でした。それはおそらく幻覚でしょうが、これがこの人にとっての「救い」ということになります。

問 1

ここでの「救い」は、12 〜 14 ページで説明した呪術的・社会的・思想的救いの中でどの救いに、どのようにかかわると思いますか？

この文章についての感想を書いてみましょう。どのような感想でも大丈夫です。共感できた、できない、何でも自由です。自分が本心ではどう思っているかを明らかにすることが、常に重要です。

問 1

_____

_____

_____

問 2

_____

_____

_____

「奇跡」は信じるためにある

心理的効果や宗教の中での扱われ方を考える

奇跡はあくまで心理的なもの

　宗教に呪術的行為や奇跡の噂はつきものですが、奇跡——つまり物理法則に反したような出来事——など、本当に起こるのでしょうか？

　奇跡が実際に起きたと証拠立てて認定された事例は、古今東西ありません。教団や伝統社会が「奇跡が起きた」と主張しているだけです。基本的にそれは心理的なものだと考えられます。

　また、奇跡が起きたと教団が主張しているとき、信者としては「奇跡は起きなかった」という確たる証拠がない限り、教団の建前を守るでしょう。一般的に「起きなかった」という証拠を挙げることは不可能です。それゆえこの建前は信者の間で維持されるでしょう。

> **奇跡は主張した側の責任**
> 「奇跡が起きた」も「奇跡が起きなかった」も確率が半々というわけではないのでご注意ください。起こりそうもないことだからこそ、奇跡と呼ぶのです。常識的に考えるならば、やはり「奇跡は起きなかった」のです。起きたと主張するならば、そう主張する側がはっきりとした証拠を提出しなければなりません。立証責任は言い出したほうにあると考えられます。

心理的理由で治療効果があらわれる?

　信仰治療の場合、ある程度の治療効果が出る可能性があります。たとえばプラシーボ効果（偽薬でも心理的理由によってそれなりの薬効を示すこと）のような現象があり得るからです。人間は心理的な動物であり、心理が生理状態に結びついているので、信仰による希望が身体によい作用を及ぼすということは——ある程度ならば——十分考えられるわけです。

奇跡は社会全体の約束事でもある

　キリスト教や仏教など、たいていの宗教的伝統は病気回復の祈願や加持祈祷のような呪術的なわざを施しています。しかし教理的には、そうしたマジカルな行為──呪術──は「レベルが低いもの」とされる場合が多いことにも注意しましょう。

　つまり、宗教の公式の建前としては、慈善的行為や高度な思索にこそ救いの重みがかかっており、現世利益はあくまでも迷える信者のための希望の支えという扱いが多いのです。とはいえ伝統的な宗教が、奇跡は心理的レトリックにすぎないと断言することはふつうありません。希望という前向きのベクトルを否定という後ろ向きのベクトルで汚したくないのかもしれません。

　科学や医学が発達する以前の社会では、人々の多くは奇跡や呪術をまじめに信じていました。社会全体が信じていたのであり、一部の教団の信者だけではなかったのです。たとえばニュートンなども、錬金術を信じていたと言われています。

呪術とは?…超自然的なやり方で自然を操作しようとする技法
（例）実利を求めて神に祈る、呪文を唱える
　ほとんどの宗教が呪術的な実践を行っている
　結果的に神秘的なことが起きたときは奇跡と言う

伝統宗教における呪術のとらえ方
〈仏教〉
開祖・釈迦（ブッダ）…呪術は修行のためにならないと考えた
密教（仏教の一派）…加持祈祷による除災招福の呪術的儀礼を盛んに行う
→修行者はブッダにならい民衆のための慈善に尽くそうとする。その慈善
活動の中に呪術的なものも含まれている
〈キリスト教〉
キリスト…信仰治療を施していたと伝えられている

「祈り」は単なる願いではない

自分の願いから神仏への思いに広げる

祈りも多元的である

　救いにさまざまな次元のものがあるように、救いを求める祈りにもさまざまな次元のものがあります。「神様、お金持ちにしてください」と祈る人もいるでしょうし、「神よ、罪から守りたまえ」と祈る人もいるでしょう。「来世は阿弥陀様の極楽に行けますように」という願いをこめて「南無阿弥陀仏」と唱える人もいるでしょう。

　先ほど述べたように、伝統的な大宗教では、奇跡信仰や呪術を必ずしも高く評価しません。キリスト教でも仏教でも、最も基本的な祈りとされるものは「神仏こそが世界の中心である。私は（自分のことをさしおいても）神仏を大事にします」という内容のものです。

神や仏のために祈るという世界観

　宗教の世界観は、目に見える人間世界を超えたところに、神仏や霊やご先祖様のような神秘の存在がいるという、神話的なものです。その超越的な存在を中心に置いて、自己や社会を見直すというのが、多くの宗教における実践上のポイントです。

　ですから、祈りの文言が「神仏こそが世界の中心である。私は神仏を大事にします」という趣意のものとなるのです。

　大宗教の奥義としては、自分の願いを叶えるのが祈りなのではなく、自分よりももっと大きな世界へと目覚めさせるのが祈りだということになります。

　呪術的な救いよりも、社会的な救いや思想的な救いに信者を誘うような構造を公式の祈りは持っていると言えるでしょう。

キリスト教の祈りは救いを重視

天にいます我らの父よ、願わくは、御名（みな）の崇められん事を。

御国の来たらんことを。

御意（みこころ）の天のごとく地にも行われんことを。

我らの日用の糧（かて）を今日（きょう）もあたえたまえ。

我らに負債（おいめ）ある者を我らのゆるしたるごとく、

我らの負債をもゆるしたまえ。

我らを試みにあわせず、悪より救い出（いだ）したまえ。

聖書「主の祈り」

ポイント① ▶ 神（父）の「御名」「御国」「御意」を称えている

ポイント② ▶ 物質的な願いは最も基本的な生命の源である糧（パン）のみ

ポイント③ ▶ 負債（罪）や試み（誘惑）からの救いを重視

→病気治しや金儲けが目的ではない

仏教では「唱える文句」で祈りとなる

ポイント① ▶

仏教では「自帰依仏、自帰依法、自帰依僧」と唱えるのが修行の出発点

…「私は仏・仏法・僧（＝教団）に帰依（＝服従）します」

→仏・法・僧（三宝）という３種の絶対的権威の織りなす世界観に没入することを宣言

ポイント② ▶

浄土宗・浄土真宗：「南無阿弥陀仏」（念仏）

…「阿弥陀ブッダに私は帰依します」

ポイント③ ▶

日蓮宗：「南無 妙 法蓮華経（なむみょうほうれんげきょう）」（題目、唱題）

…「妙法蓮華経（＝法華経）に私は帰依します」

→インド生まれの宗教は、このような単純な帰依の文句（マントラ）を反復して唱える習慣がある

次の文章は2006年にアメリカの心臓病専門誌に記載された祈りの実験の要約です。「現実」と「祈り」がどうつながっているか考えましょう。

アメリカの６つの病院で科学者のチームが「祈り」が心臓病患者の病状に影響を与えるかどうかを実験した。祈るのはアメリカ各地の教会から選ばれた信者であった。祈りの対象は複数の病院で心臓バイパス手術を受けた1802人の患者であった。患者、医師、実験執行者のいずれにも分からない形で祈りの対象となる患者を選び出し、グループ分けした。

実験の結果、祈りを受けた患者群と受けなかった患者群との間では、病状の差は生じなかった＊。したがって祈りには即物的効果がなさそうであった。

これに対しては神学者から下記のような批判もあった。

A　実験としてあえて祈ってみせるのは、本当の意味での祈りではない。いわば神に意図を見透かされたので、祈りは効果を表さないのである。

B　病気の苦しみは、神の視点からは意味があるはずである。病気が単純に治るかどうかが、祈りという行為の核心ではない。

問 3

このような実験が行われるアメリカ社会では、祈りについてどのように考えられていることが分かりますか？

問 4

Bの意見の中の「苦しみの意味」とは、たとえばどのようなことだと思いますか？　また、Bの考え方には不都合なところはありませんか？

＊なお、この実験では祈られるかどうか知らされない患者群の他に、祈られることを知らされた患者群がいた。彼らには他の患者群よりも病状が思わしくない傾向が生じた。「祈られるほどに重病なのだ」と不安に思うことで引き起こされた、心因性の身体の不調である可能性が指摘されている。

問 3

問 4

意味:

不都合な点:

問 1

「私」は幻覚を信じて救われたのだとすると、そこには非科学的な、つまり「呪術的な救い」の要素があるだろう。しかし「私」が行ったことは収監されて禁欲することだから、これは合理的な「社会的な救い」でもある。さらに「私」は、イエスは罪人の友だという教会の教えによっても救われているので、これは「思想的な救い」だとも言えるだろう。 ポイント ▶ 呪術的・社会的・思想的な救いはいつも概ね重なっていると考えていいでしょう。

問 2

（例1） アルコール中毒から抜け出すのは容易ではない。神の働きを信じることで自分の励みとするというのは想像がつくようにも思う。

（例2） イエスが救うといっても、実際にやっているのは監獄を利用して禁欲することだから、宗教や神の救いであるとは言えないのではないか？

問 3

一般のアメリカ人やアメリカの科学者が案外、祈りを即物的・呪術的なものとして捉えていることが分かった。 ポイント ▶ 神学者にとっては祈りとはもっと精神的な（言い換えれば文学的な）ものであるようですね。いずれにせよ、「本当に祈りは効くのか？」と大真面目に実験するというのは、日本ではなかなか考えにくいことかもしれません。

問 4

意味：元気なときには、自分には何でも可能だと思って傲慢になりがちである。病気を機会に、挫折した人や弱者の境遇を理解できるようになり、進んで他人に親切にするようになるかもしれない、というようなこと。

不都合な点：世の中には先天性の難病や災害、犯罪の被害といった苦しみもある。これに対して「意味がある」と言うのは不遜であるように思う。 ポイント ▶ 人生を「試練」や「修行」の場と捉える考え方は日本でもふつうに存在します。しかしその見方であらゆる苦難を解釈することには無理があるとも言えます。なお、Ｂの発想は、「祈りは人間個人ではなく神仏を中心とする世界観に誘うものである」という20ページの世界観に一致しています。

宗教をめぐるさまざまな疑問に、正解はありません。

むしろ絶えず疑い、問いを発することが大事です。

第 2 日

「霊」は命、 「神」は力を表す

どこに存在するのか?
どんな「霊」「神」があるのか?

文化を表す「神」

信仰という蓄積されていく伝統

　霊や神が現実世界に**本当に存在している**かどうかは不明です。少なくとも言えることは、「霊」や「神」という言葉は存在しているということです。言い換えると、「霊」や「神」という言葉を使ってコミュニケーションをしている人々の頭の中では「霊」や「神」が概念として存在しているということです。

　霊や神は単なる概念か？　それとも実在するのか？　宗教の信者は単なる概念ではなく、実在するものと考えることでしょう。科学者や哲学者はこれを否定するかもしれません。あるいは「不明」とするかもしれません。宗教学ではふつう、ここはオープンな問いのままにして結論は出しません。

「霊」は精神の働き、「神」はスーパーマン

　霊や神が何を指しているかは文化によって違いますが、平均的なイメージは次のようなものです。

　霊は、人間や生物における「生命」の働きあるいは「精神」の働きを、神秘的な実体と捉えたようなものです。しばしば霊は生きている者のみならず死者にも働いているかのようにイメージされます。霊の信仰のことを一般に**アニミズム**と呼びます（アニマとはラテン語で「霊」のこと）。

　概して霊よりも格が上とされるのが神です。神々はしばしば天界における王侯貴族や英雄のようなものとして思い描かれます。超能力をもつ目に見えない**スーパーマン**のようなものと言えばいいでしょうか。神が複数いると考える世界観を**多神教**と呼びます。ユダヤ教やキリスト教、イスラム教などの**一神教**では、宇宙にはただ一体の絶対者がいると考え、その唯一絶対の存在を神と呼んでいます。

> アニミズム……諸々の霊の信仰
>
> 多神教…………諸々の神の信仰
>
> 一神教…………唯一絶対の神の信仰

人間社会が投影された想像力の産物

霊や神の実在性はともかくとして、人間が概念として思い描いているその姿が人間の想像力の産物であることは疑いありません。

人間は無意識のうちに事物を擬人化して捉える傾向があります。たとえば子供は人形に話しかけます。動物と暮らす人は、動物を人間のような精神をもつものとしてイメージします。自然界にはそうした精霊が満ち溢れ、異次元界の英雄や王侯のような神々も存在する、と思い描くこと自体は、誰にもそう難しいことではないでしょう。

多神教でも一神教でも、一般に神々の世界には人間社会の階級構造が投影されています。古代の人々は、現実世界の王に貢ぎ物をしてその庇護を受けるように、天界の神々に生贄を捧げてその加護を受けると考えました。宗教儀礼の始まりです。今日では生贄の代わりに祈りや信仰を捧げるのがふつうになっています。

キリスト教の信者はしばしば神を「主」と呼び、信者自身を「僕」と呼びますが、こうした言い方の起源をたどれば古代中東の絶対君主と奴隷の関係にたどりつきます。実際、旧約聖書では、神は極めて怒りっぽい、気まぐれな君主として描かれています。

最古の成文法典で有名なバビロニアの王ハンムラビ（前18世紀）はその王権を太陽神から受け取ったとイメージされた。（左が王、右の玉座に坐るのが神）Photo by sailko"Codice di hammurabi 03"(2009)

神々の世界に人間社会の階級構造が投影される

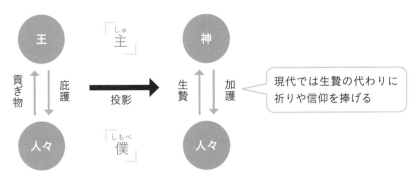

人は文化のトレーニングから信仰を学ぶ

　霊や神の信仰は文化の中に蓄積された伝統です。個人は信仰を文化から学びます。

　たとえばあなたが何か不思議な体験、心に深く残る体験をしたとします。しかしそれだけであれば、あなたは単に「不思議なこともあるものだ」と思うだけでしょう。しかし文化の中にすでに「霊」「神」という言葉があり、それを説明してくれる先達がいるとすればどうでしょう？

　文化の先達が「あなたの体験は霊の働きです／神の啓示です」と解釈を加えることによって、あなたは自分の体験を霊や神といった概念と結びつけて理解するようになるわけです。

　「穢れ」「罪」「救い」「癒やし」「悟り」など宗教を構成する概念は、文化の文脈抜きでは理解できません。こうした言葉の使い方は、礼拝やお祭りといった儀礼の実践などの社会的トレーニングを経て身につき、次世代に伝えられます（儀礼については 65 ページ参照）。

（儀礼については 65 ページ参照）

文化の中の宗教的な語彙

霊、神、穢れ、祟り、罪、救い、癒やし、悟り、etc…

体験の解釈　　儀礼によるトレーニング

個人

次世代に語彙を伝える

ここに注目！ 霊の想像力の広がり

　アニミズムのアニマは霊や魂を表すラテン語ですが、ラテン語にはスピリトゥスという言葉（英語 spirit の語源）もあります。これは「息」を表す語です。呼吸と生命、自己、精神などは結びつきやすい概念のようです。「息」を語源とする霊概念は、旧約聖書のルアハ、古代インド哲学のアートマンなど、世界中にあります。

　霊の想像力は多岐に分化し、個人の精神の本質のようなもの（魂、soul など）、民族の精神のようなもの（大和魂、フロンティアスピリットなど）と広がっていきます。また、精霊、妖精、妖怪、お化け、死霊、怨霊、幽霊、デーモン、悪魔、天使などの架空の生物のような姿として空想されています。

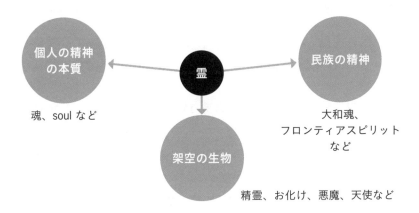

個人の精神
の本質

霊

民族の精神

魂、soul など

架空の生物

大和魂、
フロンティアスピリット
など

精霊、お化け、悪魔、天使など

ここに注目！ 多神教と一神教の違い

　多神教の「神」と一神教の「神」とではだいぶ意味が異なります。**多神教**の世界観では、世界のあちこちにさまざまな神がいます。土地に根ざした神であればその土地を守護しますが、他の地域のことには事実上あまり関心がないかもしれません。あるいは豊穣の神や病気治しの神のように、役割が特化されていれば、他の役割について祈っても意味がないということになります。

　他方、**キリスト教やイスラム教**などの一神教の神は、全知全能の存在とされています。天地を創造した神でもありますから、土地に縛られない存在だということになります。一神教の神は「〇〇の神」というふうに限定された存在ではなく、まさしく「神」という概念そのもののように、抽象的で普遍的な性格をもっています。

　ただし、こうした違いも、伝統によっては絶対ではありません。インドの**ヒンドゥー教**は多神教ですが、人気のあるヴィシュヌ神とシヴァ神は、それぞれの信者にとってはあたかも一神教の神のように、絶対的で普遍的な存在です。日本でも、たとえば浄土宗や浄土真宗の信徒にとって阿弥陀仏は一神教の神に似た絶対の存在です。多神教と一神教は概念的には異なるものの、実際の信仰の仕方に関しては単純に割り切れないということです。

次の文章は、伝統的霊能者であるイタコが活動する青森県恐山の寺を訪れた、ある宗教学者の書いたものです。

その日、わたしたちは円通寺の境内で一日中、イタコがご祈祷依頼者と対応しているのを見学していた。

その中に、ちょっと雰囲気の異なるしゃれた服装の若い女性がいて異彩を放っていた。〔略〕その人が言った。

「横浜から来ました。恋人を交通事故で亡くして、どうしても彼に会いたいのです……。彼の声が聞きたい……」

しかし、それを聞いたイタコの老女は相も変わらぬ祭文を唱え、霊界からの「彼の声」と称する「声」を伝えていた。ラシッド〔連れのイスラム神秘主義者〕とわたしは❶目くばせをして、「どうもね」という顔つきで見守っていたが、驚いたことに、その「声」を聞いていた若い女性はみるみるうちに眼をうるませ、大粒の涙を浮かべ、しきりに「うん、うん」と頷きはじめたのだった。❷彼女はそこで「彼の魂」に会っている。その臨在を感じとっている。〔略〕

ラシッドとわたしは、❸イタコをイタコたらしめるこの霊的文化装置の厚みと機能に嘆息した。「これ、これ、これだったんだね。近親者を亡くした人が求めて恐山に来るのは！」(鎌田東二『聖地感覚』角川学芸文庫、59 ページ)

問 1

下線❶から、イタコの霊能者としての個人的能力をどのように考えているでしょうか？

問 2

下線❷は筆者が霊魂の存在を肯定したことを意味しますか？ また、そう言える理由はなんでしょうか？

下線❸の意味を簡単に説明してください。

問 1

_____

_____

_____

問 2

_____

_____

_____

問 3

_____

_____

_____

神と仏はどう違う?

歴史から見る解釈の変遷

　日本語には「神」と「仏」という2種類の概念があります。「神仏」という言葉があるように、どちらも似たような存在です。ギリシア神話のゼウスも「神」、ヒンドゥー教のシヴァも「神」、キリスト教のキリストも「神」と訳されるのであれば——つまりなんでもかんでも「神」と呼べるのであれば——「仏」もまた「神」の中に含めてしまってよさそうです。

　日本語において「神」と「仏」の2つの言葉が並び立っている歴史的理由はどのようなものでしょうか?

仏教の世界観では仏＞神

　「仏」はもちろん仏教の概念です。仏教が生まれたインドの事情から説明しましょう。

　「仏」は「仏陀」とも呼ばれ、ブッダの訳語（当て字）です。仏教の開祖、釈迦は修行して悟りをひらいて「ブッダ（目覚めた者）」と号されるようになりました。ブッダ（仏）は人間の称号だったのです。しかしやがてブッダは神のような存在と見なされるようになりました。

ブッダに教えを広めるように願うデーヴァ

　ところで、インドにはデーヴァと呼ばれる神々がおりました（漢語で「天」と訳される）。仏教の世界観では、このデーヴァ（天）たちもブッダ（仏）から教えを受ける立場です。釈迦の発見した真理は人間だけでなく、神々をもしばる普遍の法則だったからです。

というわけで、ブッダとデーヴァの上下関係は

格上 格下
　ブッダ（仏）　＞　　デーヴァ（天）

となります。

めぐりめぐって日本に仏教が伝わったとき、日本列島の土着のカミはインドのデーヴァ（天）に近いものだと解釈されました。

すなわち

　ブッダ（仏）　＞　　カミ（日本の神）

ということになります。

時代が下るにつれ、カミもまた仏教的な救済者像を取り込むことによって地位を向上させました。

日本人は仏も神も同レベルの偉い存在だと思うようになりましたが、言葉の上での使い分けはそのまま定着したのです。すなわち、仏教の偉い存在は仏（ブッダ）であり、神道の偉い存在は神（カミ）である、というふうに。

ですから、日本の文化的文脈においては、仏（仏教系）と神（神道系）が言葉として使い分けられるのです。

仏教の仏（例：薬師如来）と
神道の神（例：那智の滝）

仏教は多神教?

しかし、宗教における偉い霊的存在を「神」と呼ぶことに決めるならば、仏もまた一種の神と見なすことが可能になります。

仏教の仏は、釈迦牟尼仏や阿弥陀仏のように複数います。他にも観音や地蔵など、拝む対象がたくさんあります。つまり、仏教を一種の多神教と考えることができるのです。

神道の「カミ」とは何か?

ジブリアニメの世界観から天皇の擬神化まで

パワーある存在＝カミ

　ところで、日本語の「神」はもともと古代日本人がカミと呼んでいたものが歴史的に発展してできた概念です。

　基本的には、自然界であれ人間界であれ、何かふつうではないパワーをもつと考えられた存在がカミだったようです。それはおそれ、かしこまられるような何かでした。

　たとえば、猛獣などがカミでした。スタジオジブリの『もののけ姫』の中では、森林に棲むイノシシのような獣が「カミ」と呼ばれ、祟ったときには「祟り神」となります。獣（あるいは自然）の王のような存在は「シシガミ」です。これらはもちろん宮崎駿監督のイメージから生まれたものですが、神道的なカミの原初的な感覚を現代風にアレンジしていると言えるでしょう（ちなみに、自然物にカミを認めるこうした思考は、多神教というよりもアニミズムに近いところがあります。そういう意味ではカミは後世の「霊」とも「神」ともつかない概念だったということになりますね）。

　自然界にカミは満ち溢れており、霊威があると思われた樹木や石や山や滝なども、カミの扱いを受けました。熊野の那智の大滝はご神体そのものとなっています（33ページの写真参照）。

　自然界のカミといえば、カミナリはカミの霊威を示すものですね。古代ギリシアの主神ゼウス（ローマ神話ではユピテル、英語読みでジュピター）は雷の神だとされます。古代人はみな雷を、異次元界からの恐るべきメッセージとして捉えたようです。

人間界にもカミがいる

　人間もまた、英雄的な存在などがカミとなります。たとえば、天皇がそうです。逆に『古事記』などの文献では、太陽神アマテラス、暴風の神スサノヲ、

国土経営の神オホクニヌシなどを人間の女帝や英雄のような姿かたちで思い描いています（多神教）。そしてアマテラスは皇室の祖先神ということになっています。神が擬人化され、人間が擬神化されているのです。

今日でも、何かすごい能力をもった人のことを「カミ」などと呼びますが（そういう人の仕事ぶりが「カミワザ」です）、このあたりのセンスはやはり神道的だと思います。一神教の世界では、人間を god と呼ぶのは——キリストを例外として——いちおうタブーとなっています。

歴史の中で変化してきたカミのイメージ

古代のカミはどちらかというと「怖い」存在という感じがします。人間は自然のパワーにひれ伏し、人民は王権のパワーに圧倒されて暮らしていましたから、カミのイメージも怖いものだったのかもしれません。

大和朝廷が大陸から仏教を盛んに輸入するようになると、日本列島のカミガミは仏教の世界観の中で、新たな位置づけを得ることになりました。

カミは仏教を守護するガードマンのように考えられたこともありました。仏教の仏が人々の救済のために化身して現れたのがカミだという考えもありました（本地垂迹説と言います。「本地」とは本体としての仏、「垂迹」とはカミに化身することを意味します）。

やがてカミの地位も上がり、カミの方こそが仏の本体だという説も出現するようになりました。

ともあれ、カミはホトケと同種の存在だと解釈されるようになったわけです。おかげでカミは単に畏れられるだけではなく、ホトケのように人間を教え諭して救済する優しい存在というふうにも考えられるようになりました。

幕末の新宗教では、「神」は世を救う救済の神のイメージをもっています（天理教、金光教など）。

このようにカミのイメージも歴史の中で変化してきたのでした。

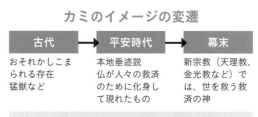

カミのイメージの変遷

古代	平安時代	幕末
おそれかしこまられる存在 猛獣など	本地垂迹説 仏が人々の救済のために化身して現れたもの	新宗教（天理教、金光教など）では、世を救う救済の神

カミはホトケと同種の存在だと
理解されるようになっていく

次は神道で行う地鎮祭の一般的な流れです。

1 　水で手を浄め、祭場に入る。

2 　神主が参列者やお供物を大麻（お祓いの道具）でお祓いして浄める。

3 　神主が「おおお」と声を上げ、土地の神を呼び出す。

4 　神主が神に建物を建てることを告げ、安全を祈願する。

5 　四方に米や塩を撒き、鎌や鍬を用いる所作を行う。

6 　神前に玉串（榊の枝）を奉って、拝礼する。

　地鎮祭を見かけたことのある方もいるでしょう。自宅新築の際に工務店が執り行ったという方もいるかもしれません。また、工場の新設など、職場で参加された方もいると思います。

　さて、質問です。

問 4

こうした儀礼においては、神はどういう所におり、人間に対してどのように振る舞うと考えられていることになるでしょうか？

問 5

お供物といえば、仏壇やお墓にお供え物をした経験もあると思います。
地鎮祭の場合との違いはどこにあると思いますか？

問 6

一般にお供物を神が食べて量が減ったということは起こりません。そのことは誰しも分かっていてお供えしています。では、お供物にはどのような意味があるとあなたは思いますか？

問 4

問 5

問 6

問 1

イタコの振る舞いがいかにも霊が憑いているというふうに見えなかったという意味だろう。演技としては下手でおざなりだったということだろう。

問 2

「彼の魂」にかぎかっこがついているので、著者が文字通り霊の存在を肯定したわけではない。霊の存在は依頼者の主観だということである。

問 3

依頼者が霊の存在を感じるのは、イタコ個人の演技力によってではなく、「イタコは霊を呼び出す」という文化的な約束事によってであるということ。 **ポイント** ▶ 宗教においては、儀礼における聖職者個人の「演技力」が物を言うわけではありません。そこが世俗の芸能とは異なるところです。このイタコの例では、イタコも依頼者も「霊は実在する」という文化的な約束事を共有しており、協力して再確認しているのです。

問 4

神はそれぞれの土地に住んでおり、人間の呼びかけに応じて出現し、人間からの供物を食べ、人間の願いに答えて守護すると考えられている。

問 5

地鎮祭では神にお供えするが、仏壇や墓参りでは死んだ身内（先祖）の霊にお供えする。

問 6

文字通りの意味で神が飲み食いするわけではないが、人間が手間をかけて神のために何かを行うという行為に、道徳的な意味（謙虚さの表明など）があるということではないだろうか。

ポイント ▶ 宗教の行事はすべて人間が行うものであり、神や霊が目に見える形で出現して何かを行うわけではありません。一般に大事とされるのは、人間自身が謙虚であることです。そうした道徳性の表現として、供物を差し出すという形もあるし、祈りを捧げるという形もあります。さらに儀礼によってではなく、寄付や献金をしたり、チャリティー活動をしたりということも考えられます。

---❖---

霊や神がどのようなものかは、個々の宗教ごとに違っています。

そうした違いについては、個々の宗教の歴史と教えを見ていく第2週で学習することになります。お楽しみに。

---❖---

第 **3** 日

教典の使われ方を知る

「聖書」「コーラン」「お経」とは何か？

神話と教えの成文化

教典はどう使われるか

仏典・聖書・コーラン……教典をもつ宗教

　宗教はしばしば倫理的な教えをもっています。人々に「このように暮らしなさい」と教え諭すような働きがあります。それは先祖の教えとされることもあるし、聖人の教えとされることも、人間を超えた存在である神の教えとされることもあります。

　また、教えを記したとされる文書——教典——がはっきりと定まっている宗教もあります。神道などははっきりとした教典をもちませんが、仏教には仏典（お経）、キリスト教には聖書、イスラム教にはコーランがあります。

　教典に書かれているのは倫理的な教えや訓戒ばかりではありません。しばしば開祖の伝記、神々の神話、法規、格言、詩、未来の予言といった要素を含んでいます。古代人の世界観を記したものですから、迷信や不合理な内容も多々含んでいます。しかし、伝統的宗教では、それらをひっくるめて聖なる書物として尊重するのがふつうです。教典そのものが呪術的なパワーをもつものとして迷信的に信仰されることもあります。

聖書や仏典はさまざまな書の総体を指します

聖書を構成する文書	仏典に含まれる文書
「創世記」…神話	「ダンマパダ」…教えの詩
「レビ記」…戒律	「大般涅槃経」…釈迦の伝記
「イザヤ書」…預言者の教え	「律蔵」…戒律
「詩編」…古代の詩	「大般若経」…哲学的な詩
「福音書」…キリストの伝記	「法華経」…宗教ドラマ
「ローマの信徒への手紙」…教え	「無量寿経」…救いの指南
「ヨハネの黙示録」…未来の予言	「大日経」…儀礼の規定

聖職者が読み、民衆に伝える

　教典は教えの書とは言うものの、現代の教則本や教科書のように理路整然と体系だって書かれているわけではありません。さまざまな聖句やエピソードを無造作に並べただけという場合もあります。

　教典を考えるときに忘れてはならないのは、ほとんど20世紀になるまで人類の大半は文字が読めなかったという事実です。たしかに教典は大事にされましたが、中身をちゃんと読めるのはほんの一握りの少数者（聖職者や学者）だけでした。教典はふつう一般民衆にはほとんど無縁のものでした。民衆は聖職者から直接聞かされることで、教えを守ったのです。

昔の神父は聖書に書かれたラテン語をそのまま声に出して唱えていました。

漢訳された経典を漢字の音のまま誦すときには、耳で聞いても意味不明です。

戒律の典拠になる

　教典の第一の使い方は、掟や戒律の典拠としてです。

　古い仏典に釈迦の言葉として「生き物を殺してはいけない。人に殺さしめてもいけない」（小部経典「スッタニパータ」394）とあります。ですから仏教徒は不殺生を誓いました。

　聖書の中でイエス・キリストは「神が結び合わせたものを人は離してはならない」と説きました（「マタイによる福音書」19章）。それゆえ、キリスト教会では長らく離婚は許されませんでした。

　コーランの中でムハンマドは「アッラーは利子を禁じておられる」と告げています（2章275節）。ですからイスラム教では基本的に利子は禁止されています。

神話から教えを読みとる

　教典は戒律ばかりが法律文書のように書き並べてあるわけではありません。そのような箇所もありますが、多くの場合、「あるとき誰それが何かを行った」という**物語の構成**をとっています。それは歴史の事実のこともあるでしょうし、伝承の過程で生じた伝説や神話の場合もあるでしょう。

　奇跡が起きたり、魔物が登場したりする明らかに**神話的**な話もあります。

　こうした物語（神話、歴史、教訓譚）は、民衆に説教するためには都合がよかったと思われます。民衆は娯楽を兼ねて、神話やたとえ話の登場人物の振る舞いから教訓を学びとったわけです。

第1週

第2週

第3週

① ② ❸ ④ ⑤

アダムとエバの神話（聖書「創世記」に含まれる）

神は最初にアダムとエバ（イヴ）を創造し、エデンの園に住まわせました。2人は神の言いつけに背いて禁断の実を食べ、楽園を追放されました。
この物語は人間の神に背く性質を表した寓話として、信者の人間観を形成したと思われます。

火事の家（火宅）のたとえ（仏典「法華経」に含まれる）

この世は欲望で燃えている家のようなもの。人々は火事であることを知らずに遊びほうけている子供のようなもの。ブッダは「おもちゃがあるぞ」と言って子供たちを外へ逃がす父のようなもの。
この寓話の父は家の外で大きな乗り物のプレゼントをします。ブッダは人々に悟りの乗り物を与えます。

よく知られた教典には次のようなものがあります。
伝統によって教典の形もボリュームも用い方もさまざまです。

ユダヤ教とキリスト教	聖書	ユダヤ教は旧約聖書、キリスト教は旧約聖書と新約聖書
イスラム教	コーラン	教典に準じるハディース（ムハンマド言行録）もある
ヒンドゥー教	ヴェーダ	他に準教典があり、叙事詩も教典的な働きをもつ
仏教	仏典	タイなどで用いられる「ダンマハダ」や中国や日本で用いられる「般若心経」「法華経」「無量寿経」など多様な経典を含む
儒教	四書五経	「論語」「孟子」などを含む

一神教では聖書やコーランが「神の言葉」とされますが、直接的には人間が著述・編集したという事実は、各宗教の伝統においても認められています。しかし、書き手が神から啓示を受けて神の言葉を書き記したというふうにイメージされてきました。

聖書はたくさんの書物からなる合本です。巻頭の書「創世記」は西暦紀元を何百年もさかのぼる昔からの伝承を含んでいます。これに対し、巻末の書「ヨハネの黙示録」は紀元後2世紀の成立と考えられています。著者・編集者はしばしば無名の人物です。

イスラム教では開祖ムハンマドの死後、信者がそれぞれに暗記していた、ムハンマドが受けた神の啓示の聖句を集めてコーランにまとめました。

仏典の場合も、初めのうちは仏弟子たちが文言を暗記していたと言われます。開祖の死後に幾度か編集会議が開かれ、正しい典拠が定められました。聖句がしばしば韻文となっているのは暗記の便宜だと思われます。仏典の量は百科事典のように膨大ですが、一般に読まれるのはその一部だけです。

教典を実際に読んでみましょう。

『金剛般若経』という経典には次のような聖句があります。

　　求道者は、ものに囚われて布施〔施し〕をしてはならない。

古代の学者は「囚われ」として次のものを挙げています。

　　感謝への囚われ、見返りへの囚われ

この解釈を受けて、現代の注釈書は次のように書いています。

　　例えば山本さんが会社の先輩の佐藤さんへ、お歳暮を贈った。佐藤さ
　　んは贈られたものに大いに喜んだ。佐藤さんは、いつか何かの折りに
　　山本さんにお礼しなくてはいけないと思っていたら、昇進の話があっ
　　たので、山本さんを推薦しておいた。〔略〕

「与える」という行為の中には、このような心理が少なからずはたらい
ている。しかし、このような心理がはたらくものは、「布施」とはなら
ない〔正しい施しではない〕。

問 1

『金剛般若経』が施しについて説いていることが現代人にも有益だとすれ
ば、それはどのようなことだと思いますか？

問 2

現代社会で生きるうえでの教訓は、教典の言葉以外からも得られるでしょ
う。そうした中で、あえて教典の言葉をひもとく人がいます。それにはど
のような効用があると考えられるでしょうか？

問 3

ここでは『金剛般若経』を直接読むのではなく、古代の学者の注釈を参照
しています。それにはどのような意味があると考えられるでしょうか？

問 1

_____

_____

_____

問 2

_____

_____

_____

問 3

_____

_____

_____

おさえておきたいキリストの言葉

人を愛するということ

　新約聖書に含まれる「マタイによる福音書」から、キリスト教の開祖イエス・キリストの言葉をサンプル的に見てみましょう。教典の言葉はなかなか深読み可能なものが多いということがお分かりいただけると思います。

「心の貧しい人々は、幸いである」（5章）

第1週 第2週 第3週 ① ② ③ ④ ⑤

　これは有名な言葉です。「精神に誇るものが何もない者こそが、神の救いの対象だ」というような意味です。ふつう、精神が立派な者こそ神に褒められそうなものですが、イエスはその真逆のことを主張しています。「俺は立派だ」と思っている人間は、周囲から見てうさんくさいものです。こうした皮肉な事態をイエスは指摘したのかもしれません。

　ただし「ルカによる福音書」6章では、単純に「貧しい人々は、幸いである」と書かれています。こちらのほうがオリジナルかもしれません。それだと、貧乏人こそ神の救いの対象であるべきだという意味です。古代は甚だしい格差社会であり、貧乏人は悲惨だったのです。

「敵を愛し、迫害する者のために祈りなさい」（5章）

　「敵を愛する」など実行不可能だとよく言われます。テロリストが襲ってきたとき、相手のために祈っている暇もありませんし、祈ったところで残虐行為が止むわけでもない。他方、もう少し長いスパンで考えると話は違ってきます。きのうまでの敵がやがて敵でなくなるということは私たちの経験の中で頻繁に起きています。敵か敵じゃないかは状況次第なのです。

　だから「敵が憎い」という感情に呑まれることには意味がありません。敵が敵でなくなるような道を探る。あるいは敵の行為を憎んでも、敵の人間性を憎まない——それが「祈り」かもしれません。

「あなたがたは、神と富とに仕えることはできない」（6章）

宗教の教えはしばしば経済のロジックと対立します。それにもし合理性があるとすれば、それはどのようなものでしょうか？

経済的思考ではふつう、収益や効率の最大化を目指します。しかし、そうした思考は必ずしもうまくいきません。格差社会や環境破壊は、資本主義が生んだかなり悲惨な副産物です。経済の論理はこれを予見できませんでした。だとしたら、経済の思考とはずれたところにある視点というものも常に必要かもしれません。それを「神」と呼ぶのは宗教の伝統的習慣です。

年収の多い効率的能力の持ち主であることを自慢する YouTuber が、あまりに偏った発言をして大炎上するということが起きています。人々は直観的に「富」の論理とは異なるものを求めているということでしょう。

次は「ヨハネによる福音書」からです。

> 「あなたがたの中で罪を犯したことのない者が、
> まず、この女に石を投げなさい」（8章）

姦淫の罪を犯した女が、イエスの前に引っ立てられました。古代の規範では、姦淫した者は石打ちの刑です。イエスは、自分自身に罪がない者だけが石を投げなさいと告げることで、この規範を実質的に無効化しました。

どんな人間もどこかで罪を犯しています。だから女を責める権利なんて誰にもない。このことをイエスは告げたのです。

「罪なき者から石を投げよ」はイエスの愛の教えを示す言葉として有名ですが、もともとの福音書（「ヨハネによる福音書」）の本文には含まれておらず、史実と無関係の創作かもしれません。しかし当時の人々はイエスがこれを言ってもおかしくないと考えたからこそ、教典の中に書き込んだのでしょう。

イエス・キリストの教えを読む

- 精神に誇るものが何もない者こそが神の救いの対象
- 敵を愛する。敵の行為を憎んだとしても敵の人間性を憎まない
- 経済的思考とはずれたところにある視点が「神」
- どんな人間もどこかで罪を犯している

おさえておきたいブッダの言葉

自分の心を見つめなおす

　次は仏教の開祖、釈迦の言葉です（釈迦は「目覚めた者」を意味するブッダという称号で呼ばれます）。

　最も古い経典の一つとされる「ダンマパダ（法句経）」には次のような言葉があります（第１、２句）。

第
1
週

第
2
週

第
3
週

①
②
③
④
⑤

> ①物事は心に基づき、心を主とし、心に造りだされる。
> もしも汚れた心で話し、あるいは行為するなら、
> 苦がその人につきまとう。
> 車を引く牛の足跡を、車輪が追いかけるように。
> ②物事は心に基づき、心を主とし、心に造りだされる。
> もしも清い心で話し、あるいは行為するなら、
> 楽がその人につきまとう。
> 体の影が、その体から離れないように。

　釈迦の話し方はいつも分析的です。そして「もしＡならばＢ」「Ａが起きればＢ」のような形で論点をまとめることも多いのが特徴です。「Ａが起きればＢ」という因果関係のことを仏教では「縁起」と呼びます（今日の日本では「縁起」は呪術的な意味に極限されています。「茶柱が立てばいいことがある」みたいに。もともとはもっと論理的な意味合いの言葉です）。

　さて、ダンマパダのこの２つの聖句は、自分の「心」次第で物事が苦になったり楽になったりするということを言っています。これも仏教の考え方の基本となっています。

　第２週第４日で見ていきますが、仏教の基本は、困ったときに神頼みをせず、まずは自分の「心」を見つめなおせ、というものです。心が汚ければ（ごちゃごちゃであれば）神頼みしても無駄です。心が清ければ（制御できていれば）神頼みは不要です。

次は「ダンマパダ」の第3〜5句です。

「彼は私を罵倒した。彼は私を傷つけた。
彼は私に勝った。彼は私から盗んだ」と思う者には
恨みはいつまでも消えない。
「彼は私を罵倒した。彼は私を傷つけた。
彼は私に勝った。彼は私から盗んだ」と思わない者には
恨みは結局消える。
この世界では、恨みに恨みで報いるということをやっていても
恨みはなくならない。
恨みを捨ててこそ、恨みは消える。これは永遠の真理だ。

　恨みや憎しみを抑えろというこの言葉は、46ページで見たイエスの「敵を愛せ」に似ています。イエスは「敵を恨まずに愛せ」と積極的に振る舞うことを推奨していますが、釈迦は「敵を恨まずに、ただ自分の心をコントロールしろ」とあくまで内省的です。一般論として、キリスト教のほうが社会に対して積極的であり、仏教のほうが社会から一歩身を引いて反省することを強調する傾向があります。もちろん単純化は禁物ですが。
　仏教は基本的に自分の「心」をコントロールする修行の宗教なのです。

ブッダの教えを読む
- 自分の「心」次第で物事が苦になったり楽になったりする
- 敵を恨まず、自分の「心」をコントロールしよう
→自分の心を見つめなおしコントロールすることを強調する傾向

　聖書と仏典に記された2人の開祖の言葉はいかがでしたか？　言葉が**シンプル**であるだけに色々な意味をくみ取れることがお分かりいただけたかと思います。それが教典の魅力です。解釈によっては**正反対の意味を引き出す**ことも可能であり、それが「神」の権威をもって主張されるので、トラブルが絶えないことにも注意しましょう。

教典の解釈の違いはどのように生まれるか考えてみましょう。

　イエス・キリストは神の子とされ、さらには神そのものとされるようになった人物です。聖書の「マタイによる福音書」によれば、イエスはたくらみによって死刑にされたとき、十字架上で「わが神、わが神、なぜ私をお見捨てになったのですか」と言いました。

　いったい神の子がなぜこのような絶望を口にしたのでしょうか?

　キリスト教作家の遠藤周作は、これは絶望を口にしたものではないと解釈します。この句は聖書の「詩編」にある長い詩の冒頭の一句です。その詩では、最初に絶望を歌い、途中から神への賛美に変わります。ですからイエスの真意は父なる神を賛美することであった、というのです。

　キリスト教思想家の内村鑑三は、これは文字通り絶望の言葉だと受け取ります。我々は病気にでもかかれば神を恨んだりするじゃないか、でもキリストだってこんな言葉を吐いたのだから、我々の不信もまた赦され、慰安が得られると説いています。

第1週　第2週　第3週　① ② ❸ ④ ⑤

問 4

遠藤周作と内村鑑三が共通してもっている前提は何ですか?

問 5

あなた自身は、絶望の苦しみの中にある人にとって、遠藤周作のキリストのほうが有難いと思いますか。それとも内村鑑三のキリストのほうが有難いと思いますか。それともどちらとも言い難いと思いますか。

問 6

教典の同じ言葉が正反対に解釈されるということについて、率直な感想を書いてください。

問 4

問 5

問 6

問 1

贈答を行うとき、感謝や見返りを求める意識があると、与えるのも貰うのも負担になる。しかも賄賂という犯罪にもつながる。そのような悪循環を断つことを『金剛般若経』は教えてくれるのではないか。

ポイント ▶ 伝統的に、欲得から意識を切り離すところに悟りの主眼があるとされています。

問 2

古くから尊重されてきた教典の言葉は、思いのほか深い意味があるのかもしれない。**ポイント** ▶ 教典が社会の共有財産であり、人々が共同で意味を探ることが可能であるのも、おそらく重要です。

問 3

教典の言葉だけでは何を言っているのか分からない。古い注釈は分からない部分を補ってくれる。

ポイント ▶ 聖書でもコーランでも仏典でも、教典は、歴史的な注釈を参照しながら読み取っていくのが伝統的読解法でした。

問 4

2人とも、キリストが神の子（神）であることを前提としている。**ポイント** ▶ 神だと思うからこそ言葉の真意が問題になるわけです。

問 5

（例1）苦しいときに誰かに元気をだせと言われても説得力がない。神もいっしょに苦しんでくれたほうが共感できて救われるように思う。内村鑑三のキリストのほうが有難いのではないか。

（例2）苦しさのどん底で最後まで希望の光となるのが神だろうから、やはり遠藤周作のキリストのほうが有難いのではないか。

（例3）苦しさの中でさまざまな神の姿が交錯して現れるのでは。つまりどちらも有難いかもしれない。

問 6

教典の言葉が180度逆に解釈できたほうが、現実の解釈にフレキシブルに対応できていいかもしれない。

ポイント ▶ しかし場合によってはそうした解釈の違いが信者の間に不和をもたらす可能性もあります。

❖

奥深い読解が可能だからこそ教典に選ばれたのかもしれません。あるいは「神の霊感を受けた書だ」という気持ちが、深読みをさせるのかもしれません。いずれにせよ、教典読解は一つの文化的ゲームだと言えるでしょう。

❖

日本人はなぜ「無宗教」なのか?

日本人にとっての宗教とは何か?

日本人の宗教観を理解する

組織宗教か、習俗か

　一般の通念では日本人は無宗教的な国民ということになっています。その一方で「霊を信じる」という人が意外と多い、正月には各地の神社仏閣にたいへんな数の初詣客が訪れるなど、日本人無宗教説を疑うような傾向もたくさん見られます。

　いったい日本人は世界的に見て宗教的なのでしょうか、それとも無宗教的なのでしょうか?

第1週 第2週 第3週 ① ② ③ ④ ⑤

2種類の「宗教」がある

　日本では、アンケート調査で「宗教を信じるか」「信仰・信心を持っているか」と尋ねると数字が低くなる（30％程度）のに対して「宗教心は大切だと思うか」と尋ねると数字がかなり高くなる（70％程度）という現象が見られます。

　「宗教」や「信仰」は嫌われているが、「宗教心」はよろしい。おそらく日本人が嫌っているのは、組織された教団の宗教のことです。そして日本人が前向きに受け止めるのは、お盆に先祖をお迎えするといったような習俗を行う気持ちです。

　組織的な宗教については、日本人は無宗教なのでしょう。しかし習俗や文化となった宗教については、決して無宗教とは言えないようです。

　1958年から2013年の調査を通して、「何か信仰とか信心とかを持っていますか」という問いに「持っている、信じている」と答える人は一貫して約30％である。そのあとに続く、「それでは、いままでの宗教にはかかわりなく、『宗教的な心』というものを、大切だと思いますか」という質問には、1988年から2013年に至るまで一貫して約70％である（どちらも1の位を四捨五入）。

　（堀江宗正責任編集『現代日本の宗教事情（国内編Ⅰ）』岩波書店2ページ）

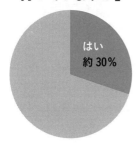

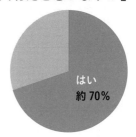

1958 〜 2013 年調査
「信仰心とか信心とかを
持っていますか」

はい
約30%

1988 〜 2013 年調査
「『宗教的な心』というものを
大切だと思いますか」

はい
約70%

『現代日本の宗教事情（国内編Ⅰ）』より　本書独自にグラフ化

多神教的な日本宗教

　現代日本において国民一般の間に組織宗教が強く根付いておらず、むしろ習俗という曖昧な形の宗教が広がっていることの背景には、そもそも日本における多神教が、西洋や中東に広がる一神教（キリスト教やイスラム教）とは性格を異にしているという事実があります。

　一神教は、一体の神が世界に君臨しているという世界観をもっています。この神を中心に教理ががっちりまとめられており、これが組織の強さをもたらしています。これらの宗教では意識的に「信仰告白」することが求められています。

　日本の宗教は昔から多神教型の信仰でした。神道には八百万の（＝非常にたくさんの）神がおり、仏教でも多様な仏や菩薩を拝みます。こうしたシステムでは、村ごとに、職能集団ごとに、教団ごとに、さまざまな信仰や祭祀を多重的に行っており、それはそのまま世俗の習俗と重なっていました。

　その宗教的世界観は全体として、自然界にはさまざまな生命（の霊）が満ち溢れているというアニミズム的なものでした。もともと日本には教団のような組織宗教よりも習俗的な宗教を基調とするようなところがあったのです。

　中世における仏教の権威は非常に強いものでしたが、教理や戒律を換骨奪胎する傾向も強かったのでした。

> **日本だけではない東アジアの多神教社会**
>
> 　そもそも東アジアは**多神教社会**です。ここでは宗教を一本にまとめるというプレッシャーは強くありません。中国では固有の儒教と道教に加えて外来の仏教をチャンポンで実践します。
>
> 　**日本**では仏教と神道ですが、この2つの宗教に潜在的に儒教と道教が入り込んでいます（たとえば昔の日本人は儒教の教典である『論語』を教養として学びましたし、仏壇に置く先祖の位牌は儒教の祖先祭祀に由来するものでした）。
>
> 　さらに宗教の基層に**アニミズム**があるという点でも、日本、韓国、中国は共通しています（145ページ参照）。

時代によって変化する宗教の位置づけ

　実は明治から終戦にかけての日本の宗教には、新たに布教されたキリスト教の影響や、西欧列強に伍する強い国家の模索もあって、一神教型の組織に向かうような傾向も強くみられました。

　国家は国民統合の象徴として神道を特別扱いしました（終戦まで続くこの体制を「国家神道」と言います）。

　浄土信仰や法華信仰などの仏教は、キリスト教に倣って**布教伝道**への意欲を高めました。各種の**新宗教教団**も続々と生まれ、組織的宗教の代表のようになりました。一神教の強い倫理に相当するものを模索する中で、**武士道**が注目されたりもしました。

太平洋戦争中に発行された五拾銭紙幣
表に靖国神社、裏に高千穂峰が描かれている。

戦後の高度経済成長期には、一般社会は戦前の宗教的情熱をかなりの程度失いました。精神よりも実益の時代になったのです。宗教は正月やお盆の行事、各地の祭礼、葬式や墓参りなどの「習俗」として生き残るか、一部の人々が属する新宗教教団の形を取るかしました。マスコミは教団がスキャンダルを起こすときにしか宗教に関心を向けず、宗教イメージの悪化に一役買いました。

　70〜80年代には欧米のニューエイジと呼ばれる宗教ブームの影響を受けて、宗教やオカルトへの関心が高まりましたが（しばしば「精神世界」と呼ばれた）、1995年のオウム真理教事件によって宗教への不信感が一般化しました。

　その後、宗教やオカルトへの関心は「スピリチュアル」などとも呼ばれるようになり、幾度か小さなブームが起きましたが、基本的に宗教熱は下火となっています。

1868年〜1945年	終戦	国家神道 武士道への注目など 終戦により国家神道の廃止
1955年〜1973年	高度経済成長期	精神より実益の時代 習俗化 or 新宗教集団
1970年〜80年代		宗教・オカルトブーム
1995年		オウム真理教事件
その後		「スピリチュアル」ブームが何度か起こるが、下火

第
1
週

第
2
週

第
3
週

①
②
③
❹
⑤

こ こ に 注目! 実は欧米も「無宗教化」が進んでいる

　これまでの話で、一神教世界では組織的な宗教がかっちり信仰されている印象をもたれたと思いますが、実はこの前提は近年どんどん怪しくなってきています。

　イスラム世界では確かにイスラム教の建前が今でも強く生きています。しかし欧米社会では、日本と同様に組織宗教（教会のキリスト教）へのコミットメントが弱くなってきているのです。

　その背景としては次の点が指摘できます。

①近代化の影響

　17〜20世紀に継続的に進んできた近代化は、宗教の影響を抑制して科学や資本主義、国民国家の働きを強化するものでした。だから中世に比べれば、近代の欧米社会はそもそもはるかに非宗教化しています。教会離れの傾向は20世紀後半にとくに目立つようになりました。立派な聖堂は建っていてもミサの出席者は激減、単なる観光施設のようになっている場合もあります。

②宗教のイメージの悪化

　20世紀にはアメリカを中心に福音派やファンダメンタリストと呼ばれる保守的なキリスト教会が台頭しました。保守的な教会は進化論も地球温暖化も否定する、反知性的傾向をもっています。

　20世紀後半にはカルト教団の活動が目立つようになり、20世紀末から21世紀初頭にはイスラム過激派のテロが繰り返されました。また、カトリック教会の司祭が行っていた長年の児童虐待が次々と明るみに出ました。

このようなことから、もともと信仰に冷めていた人々の宗教イメージは非常に悪化しました。

③科学者や哲学者の発信

著名な科学者や哲学者がはっきりと無神論を提唱するようになり、従来は非道徳的と思われていた「無神論」を一般の人々も肯定的に捉えることができるようになりました。

欧米においても宗教をめぐる一般社会の視点が激変しつつあり、「無宗教」的な日本と似たような状況になってきたと言えるかもしれません（64ページ参照）。

次の文を読んで、アメリカと日本の宗教観の違いを考えましょう。

　臨死体験とは、事故や重病で死にかかった状態から息を吹き返した人が、「死」の瀬戸際で体験したことについての報告事例のことです。20世紀後半に医療の発達に伴って、従来ならば亡くなっていた患者さんがぎりぎり持ちこたえるという例が増え、臨死体験が話題になるようになりました。臨死体験は基本的には脳の主観的体験のようです。

　80〜90年代に臨死体験を調査した立花隆氏によれば、特徴的なのは文化によって報告の内容に差があることです。

　アメリカ人の場合、光の中でキリストに出会う、あるいは光を神や愛と表現する人がしばしば見られるのに対し、日本人の場合は神仏が現れることは稀で、出会うとすれば亡くなった肉親や知人のようです。三途の川のような川を渡る、お花畑を見ることも多いようです。

　アメリカの臨死体験者は自らの体験を死後の世界の証明だと考えることが多いのに対して、日本ではそう考える人は非常に少ないと言われます。

　この記述を前提として、お答えください。

問 1

立花隆氏は、アメリカ人の臨死体験と比べたときの日本人の臨死体験の特徴を、アンケートなどに見られる日本人の神への信仰心の低さと結びつけています。そのことについて立花氏はどのように考えたと思いますか。

問 2

自らの臨死体験を死後の世界と結びつけて考える人の数も、日本では少ないようです。このことは日本人が無宗教であることを意味すると思いますか。あなた自身の考えを書いてください。

宗教とは何か？ ----- 日本人はなぜ「無宗教」なのか？

そもそも「宗教」とは何か?

神の存在か、タブーの感覚か、強い関心か

「宗教」は翻訳語

「宗教」という日本語は明治時代に西洋語 religion の翻訳語として採用されたものです。その religion は伝統的に欧米人が知っている**キリスト教**などの一神教か、彼らが過去の遺物として葬り去った**古代ローマの多神教**などでした。

近代になって、仏教や儒教などキリスト教とはかなり異なる東洋の伝統が知られるようになり、また人類学者の調査によっていわゆる「未開社会」の精神文化に関する情報も蓄積されました。それに伴ってキリスト教をモデルとした religion のイメージは修正されていきました。

ちなみに、日本人が「宗教」と聞いて自分と無縁だと考えることの背景には、「宗教」という言葉がお役所語あるいは学術語として一般人の生活に入り込んでこなかったこともあると思われます。

「宗教」を再定義するキーワード…「聖」「究極的関心」

「宗教」の定義ははっきりしません。定義に合わせて宗教を創出するわけではなく、各地で行われてきたさまざまな伝統を、比較のために便宜的に「宗教」という言葉でくくっているだけなのです。

宗教というと「神の信仰」と定義したくなるかもしれませんが、「神」のはっきりしない宗教もあり、こうした定義はやや不都合です。

「神」の代わりに定義によく使われる概念は「聖」と「究極的関心」です。

聖は俗と対になる語で、下手に触れると「罰当たり」になってしまうような、つまり禁忌によって護られた大事な何かです。人の場合もあり（聖職者、聖人など）、物や建築や空間の場合もあり（聖具、聖像、聖堂、聖地など）、書物の場合もあり（聖典、聖書など）、時間の場合もあります（聖夜など）。世界中の宗教が似たようなタブーの感覚をもっています。

究極的関心とは、ある人の人生にとって究極の目標や価値基準となるような大事なもののことです。そのようなものをもって人生に取り組んでいる人は、伝統的な宗教家にも似た求道性を帯びていると思われます。

　この定義は伝統的な宗教よりも幅広く宗教を定義するときに便利ですが、宗教の意味を際限なく広げてしまう傾向もあります。

宗教の定義（便宜的なもの）

**禁止によって
聖と俗を切り分けるシステム**

**究極的関心をめぐる
象徴のシステム**

宗教の定義にはあまり意味がない？

　いずれにせよ、宗教の定義は難点を抱えています。

　宗教を定義するには、**何らかの世界観や価値基準**がどうしても必要になります。そうなると、キリスト教文化圏に育った定義者は、どうしてもキリスト教の世界観に寄り添った定義をし、仏教文化圏に育った定義者は、どうしても仏教の世界観に寄り添った定義をすることになる──そうした傾向があることは否定できません。

　それではいつまでたっても公平な定義は得られないでしょう。

　いずれにせよ宗教の**信者**は、宗教を何か絶対的な存在に由来するものと考えますので、人間が条件を定める定義にあまり意味があるとは考えません。

　逆に**無神論者**にとっては、宗教をかっちり定義することに意味があるのではなく、宗教と呼ばれたり呼ばれなかったりするさまざまな迷信を論破して啓蒙することのほうが先決問題です。

スピリチュアリティとは?

個人レベルの宗教性

組織宗教vsスピリチュアリティ

近年の欧米では、組織が教えを世に広めているタイプの宗教を従来通り religion（宗教）と呼ぶのに対して、組織の内外の個人が「魂」で感じているレベルの宗教を spirituality（スピリチュアリティ、霊性）と呼ぶようになりました。spirit とはまさしく霊魂の意味ですね。

日本ではスピリチュアリティとカタカナ語で呼ばれていますが、最近では漢字の霊性と呼ばれるのもふつうになっています。欧米では 20 世紀末頃から「私は religious ではないけれども spiritual だ」と言う人が増えました。これは「教会の宗教には熱心ではないが、個人的には宗教的なものを探求している」という意味です。日本人が「宗教は信じないが、宗教心は大事だ」という反応を示す（54 ページ）のと似た状況になりつつあるのです。

若者文化を生んだスピリチュアリティ

欧米では 60 年代のベトナム反戦時代の若者の間で、瞑想や輪廻など「東洋宗教」への関心が高まりました。戦争や人種差別や植民地支配と結びついた欧米（とくにアメリカ）文明に反旗を翻して、文化的価値の大転換を狙ったのです。これを対抗文化（カウンターカルチャー）といいます。

これは長髪、ロック音楽、フリーセックス、ドラッグ、といった若者文化と連動しました。

80 年代には対抗文化的な宗教が一般社会にも浸透し、ニューエイジと呼ばれました。日本では「精神世界」とも言われます。「スピリチュアル」というとき、とくにニューエイジ的なものを指すことも多いようです。

儀礼のさまざまな機能

教えを身につける・連帯を高める・心をととのえる

　宗教は基本的に生活習慣の総体として成り立っています。釈迦の教え、コーランの教え、という場合も観念的な哲学ではなく、日々の実践である場合が多いのです。とくに目につくのは、日々繰り返し行われる形式的な行事です。

　短いものでは、手を合わせてちょっとしたお祈りをする。長いものでは教会のミサやお寺の葬式のように、セレモニーをする。長短を問わず、形式性があって、別の機会にも同じ手順で行われるこうした行事を宗教学では儀礼（ritual、rite）と呼びます。

　イスラム教徒が日に5回行う念入りな礼拝も、神社で神主が行うお祓いも、呪術として呪文を唱えることも、みな儀礼です。

　儀礼にはさまざまな機能があると考えられています。集団で反復的に唱えたりすることで、教えをいわば一種の音楽として身につけるという機能もあるでしょう。集団で心を一つにして行うことで連帯を高めるという機能もあるでしょう。個人心理的に見るならば、心理的な秩序をもたらす——それによって心を落ち着ける——ことに意味があるかもしれません。瞑想などの場合には、精神コントロールのためのトレーニング、すなわち修行という側面があります。

日本人は儀礼を通して宗教に触れている

　日本人は「無宗教」の人でも葬式にはお金をかけることが多いと言われます。また、頻繁に行われるお辞儀、ていねいな挨拶、精神的な意味を込めて行われる武道における儀礼的所作など、日本人は儀礼的動作をかなり頻繁に行う傾向があります。

　言い換えれば、宗教が儀礼という回路を通じて世俗の習俗に流れ込んでいるのが日本の宗教の実態なのかもしれません。

次の問いに答えて、宗教の定義について考えましょう。

　宗教批判で知られる進化生物学者のリチャード・ドーキンスは、「アインシュタイン的宗教」と「超自然的宗教」を区別するべきだと言っています。

　宇宙の構造や法則を研究する物理学者のアインシュタインは、宇宙の構造に対する賛嘆の念を「宗教」と呼び、宇宙について語るとき「神」という言葉を比喩的に用いました。そのような意味での宗教が「アインシュタイン的宗教」です。

　これに対して「超自然的宗教」とは、伝統的な意味での神の信仰のことです。そうした神は、自然界に介入して奇跡を起こしたり、人間の祈りに答えたりします。

　ドーキンスは前者のような宗教に反対はしないが、概念が曖昧だと考えています。そして後者のような宗教に関しては信じないと言っています。

問 3

上の説明によれば、「アインシュタイン的宗教」と「超自然的宗教」の決定的な違いはどこにあると思われますか。

問 4

ドーキンス自身は科学の啓蒙活動で知られており、その情熱は宗教的だとまで言われています。情熱的な活動を「宗教的」と呼ぶことは妥当でしょうか。上で紹介したドーキンス自身の立場を踏まえて考えてください。

問 5

日本のアニミズム的伝統では、自然を賛美してそこにカミの働きを見ます。これと「アインシュタイン宗教」は近いものだと思いますか。それとも似ていないと思いますか。また、理由を説明してください。

問 3

問 4

問 5

問 1

日本人の臨死体験では神仏があまり出てこないし、三途の川やお花畑のイメージだけでは宗教としては曖昧である。アンケートに見られるように日本人はあまり神を信じていないので、臨死体験の解釈も宗教的にならなかったと立花氏は考えているのだろう。

問 2

（例1）死後の世界を信じていないということだから、無宗教的と言えるのではないか。宗教は死後に関わる教えであるから。

（例2）死後の世界を信じない、死を恐れない鍛錬をするという宗教もあるのではないか。だから日本人が無宗教的ということにはならない。

（例3）自分の体験から死後の世が証明されたと考えるのを傲慢だと日本人は感じるのではないか。それは謙虚さを求める伝統宗教の影響なのではないか。

ポイント ▶ 死に対する宗教の考え方はさまざまです。来世（死後の世界）を説くのが普通ですが、来世をあまり強調しないものもあります。考え方次第でさまざまに変わります。

問 3

「アインシュタイン的宗教」では神は比喩でしかないが、「超自然的宗教」では神を文字通り信じている。

問 4

情熱的活動を宗教的と呼ぶのはあくまで比喩だろう。ドーキンスは比喩的な「アインシュタイン的宗教」は曖昧だと考えている。これにならって言えば、情熱的活動を宗教的と呼ぶのは妥当ではないだろう。

問 5

（例1）近いものだと思う。どちらも自然界を賛美するからである。

（例2）似ていないと思う。日本の伝統では神々の奇跡を信じたり、祈ったりする。アインシュタインは科学者だからそれはしないだろう。

ポイント ▶ 自然界を賛美するという点では感性的に近いと言えますが、片方は神々を信じ、片方は自然法則で理解するので論理としては異質です。

❖

「宗教」という概念は多様な意味合いを含み、曖昧なんですね。
考え方による違いを理解することが大切ということです！

❖

愛や平和を説く宗教が なぜ紛争を招くのか?

どんな対立が起こるのか?　カルトとは何か?

宗教は社会のシステム

なぜ対立が起こるのか?

　古典的大宗教はみな、愛や慈悲を説き、平和を説きます。しかし一方で宗教絡みの紛争がたくさんあります。小さなレベルでは、宗教を信じるか信じないかで家庭が不和になることがあります。大きなレベルでは、宗派どうしが死闘を繰り広げたり、神の名によってテロを行う集団が現れたりします。

　これは矛盾ではないか？　と誰しも思うでしょう。「宗教は愛や平和を説きながらなぜ紛争を起こすのか？」は宗教に関して発せられる疑問の中で最も多いものの一つです。

　宗教家であれば「神の名による紛争が起きるのは、まことの教えを曲解する人がいるからです」、あるいは「それは宗教ではなくカルトです」と言うかもしれません。でも、それで納得できるでしょうか？

宗教は慈愛に満ちている？

１つの価値が２つの結論を生む

　まず、一般論的に考えてみましょう。

　「自由」でも「平等」でも、同じ１つの価値が多様な結論を生んで相互に対立するということがあります。たとえば、恵まれた環境にある人と恵まれない環境にある人を、まったく同じ基準で競争させるのが「平等」なのか、競争に何らかの調整を施すのが「平等」なのか、いつも議論を生んでいます。

　また、価値そのものが２つの側面をもっているということもあります。聖徳太子の言葉として有名な「和をもって貴しとなす」ですが、「和」には協力という側面も、同調圧力という側面もあるでしょう。「みんな仲良く！」と言いつつ、独創的な人をいじめてしまうかもしれません。

　宗教の説く愛や慈悲や平和もまた、こうした二面性が避けられないはずです。

人々のために何かをするのが「愛」だとしても、それが容易に「愛の押し売り」になることは想像に難くありません。

　多数派の説く「平和」は少数派にとっての抑圧になるかもしれません。

　そう考えると宗教の説く美徳にも限界があることが分かります。

宗教というシステムを受け入れるかどうか

　もう一つの見方は、宗教を「愛」や「平和」という価値を広める思想や運動としてではなく、社会のシステムと捉えるものです。

　社会は個人が集まってつくるものです。社会の中で個人は育てられ、褒賞を受けたり、罰を受けたりします。個人にとって社会というのはアメとムチの側面があります。

　そして歴史的に、社会は常に宗教性を帯びていました。

　原始的な部族社会では、人々は部族の霊や神を祀り、部族の掟を守って暮らしていました。掟を守らない者は制裁を加えられました。部族社会そのものが一個の宗教団体でした。

　今から 2500 年前に生まれた仏教や 2000 年前に生まれたキリスト教などの古典的大宗教では、部族ではなく個人を単位として人間を捉えます。個人は部族の掟ではなく、全人類的な教えに従わなければなりません。そこで説かれるのが「愛」「慈悲」「平和」といった普遍的な価値です。この価値に従わない者は、死後に地獄に墜ちるとされました。

| 部族的な宗教（民族宗教） | 部族や民族の伝統 |
| 古典的な宗教（救済宗教、世界宗教） | 普遍的倫理、全人類の救済 |

仏教
キリスト教
イスラム教
etc…

ところで、宗教がシステムであるとすると、そのシステムを受け入れるかどうかで、常にトラブルが発生します。

たとえば愛の神キリストを受け入れない者は、キリスト教会それ自体の脅威と見なされる可能性が生まれました。キリスト教徒が多数を占めるヨーロッパ社会で、ユダヤ教徒が差別されてきたことはよく知られています。

第1回十字軍によるアンティオキア攻囲戦

イスラムの「平和」とは、イスラム教のシステムを受け入れることによって得られるものです。もし共同体が外部から脅威を受けたと判断されたならば、聖戦も辞さないということになります。

宗教文化圏どうしは、歴史の中で緊張をはらみながらも、概ね共存してきました。しかしときには、中世の十字軍（聖地をめぐるキリスト教圏・イスラム圏の衝突）のような文明間衝突も起きました。

ここに注目！ 宗教内部でも対立は起こる

世界観のズレや衝突は同じ宗教の内部にもあります。たとえば教典の解釈をめぐる対立はよく起こります。

古代に書かれた教典には、現代人には意味不明の部分も、現代の価値観に合わない部分（たとえば男尊女卑的な部分など）も多々あります。

ですから、教典の内容を時代に合わせて解釈しようという改革派と、古い解釈を守ろうとする保守派との対立がどうしても生まれます。基本の世界観を共有しているだけに、対立は激しいものになりがちです。

かくして宗教はしばしば新たな宗派を分派させてきました。対立があまりに激しいと、新たな宗教が生まれることもありました。

第1週 第2週 第3週 ① ② ③ ④ ⑤

政治的・経済的要因が重なることも

　ある地域に隣接して暮らすＡ集団とＢ集団が、たとえば「ヒンドゥー教徒」「イスラム教徒」や「シーア派」「スンナ派」など、宗教・宗派集団として認識されていたとしても、それらはまた同時に、政治的な利害や経済的な利害を異にする集団どうしであるかもしれません。その場合、紛争が生じたとしても、単純に宗教が原因だとは言えないわけです。

　経済的な格差があり、しかも政治的に差別されているという状況の中で紛争に火が付き、それがやがて相互の文化的な違い、とくに宗教的な違いによって思想的な対立であるという認識が広まり、扇動する者もいて対立が煽られていく、ということが考えられます。

　アジア社会の多くは、民族的・文化的・宗教的・政治的・経済的な差異が幾重にも重なった複雑な単位によって構成されています。宗教のラベルは必ずしも決定的ではないかもしれません。それは地域ごとの具体的な情勢を分析してみなければ分からないことです。

　また、経済競争が熾烈化し、集団ごとの格差が生じやすい現代社会では、とりわけ紛争が生まれ、宗教対立へと煽られていきやすい状況が増えたということも認識しておく必要があります。

宗教とは何か？ ------ 愛や平和を説く宗教がなぜ紛争を招くのか？

次は、ムスリム（イスラム教徒）とカトリック、セルビア正教徒（後２者はキリスト教徒）が数百年にわたって平和共存してきたボスニアに関する報告です。下の問いに答えてください。

〔ボスニアを支配したオスマン帝国（イスラム教国）は〕宗教共同体を地方自治の単位とし、日常生活上の事項については宗教コミュニティがそれぞれの宗教法をもって自治を行うことを許した。これが「ミレット制」と呼ばれるものである。

　自治が約束されたミレット制のもとでは、宗教は互いを警戒する必要がなかった。〔ボスニアにあった第３のキリスト教宗派の信者は自発的にムスリムになったが〕彼らの改宗はセルビア正教徒やカトリック教徒にとっておそらく他人事であったろう。自分とは別の宗教に属する人々がさらに別の宗教に鞍替えしたとしても、自分には何の関わりもないことだ。ムスリムになっても税制上のメリットなどが増えるだけで、いきなり特権階級となったわけではなく、隣人同士の関係に影響が及ぼされることはあまりなかったろう。こうして３つの宗教が平和共存するボスニア社会の基礎が形成された。

（立田由紀恵「ボスニアにおける宗教共存の伝統」

池澤優責任編集『政治化する宗教、宗教化する政治〈世界編Ⅱ〉』岩波書店、所収）

問 1

この論文から、宗教間の平和を乱す大きな要因は何だと考えられますか。

問 2

この論者は、「一神教と違って日本の宗教は寛容だ」と考える日本の文化的ナショナリストにとって、ボスニアのこうした状況は奇異に見えるだろうと言っています。論者の言うナショナリストは一神教と多神教の違いを

どのように考えていると思いますか。

問 1

_____

_____

_____

_____

_____

問 2

_____

_____

_____

_____

カルトの出現と暴走

ふつうの教団との違いは？　なぜ生まれた？

犯罪的・破壊的な信仰集団＝カルト

cult という英語はもともと神々への礼拝の儀礼を意味します。文化や教養を意味する culture と同じ語源の語です（もとのラテン語が「耕作」「修養」「礼拝」と多様な意味をもっていました）。20 世紀の米国でこの礼拝や崇拝の意味が強化されて、ふつうと違う、邪悪に見える少人数の信仰集団をカルトと呼ぶケースが次第に増えてゆきました。とくに 20 世紀後半、伝統的キリスト教会の統制を離れた各種の自由な教団が増殖した時期に、この言葉がマスコミの間で定着しました。キリスト教系のものもニューエイジ（→ 64 ページ）のものもありましたが、概ね犯罪的・破壊的な傾向を帯びたものを呼ぶのがふつうです。

過激な犯罪を起こせばはっきりカルトと呼べますが、そうでない限りはカルトかふつうの教団かは判断が微妙なところです。嘘を言って勧誘する、個人の尊厳を犯すなど、明らかな逸脱があるかないかで判断するしかありません。

90年代の暴発

日本では 80 年代あたりに、従来の新宗教教団とは異なり日本の伝統宗教のパターンを外れる教団も生まれるようになりました。そうした教団の一つが、チベット仏教と超能力信仰と終末信仰を足し合わせたようなオウム真理教でした。オウム真理教は 1995 年に救済と称して東京の地下鉄に猛毒のサリンを撒くなど、数々の犯罪を行いました。

オウム事件は典型的カルト犯罪として世界中に知られましたが、実は 90 年代というのは、欧米社会でもカルトの暴走が目立った時代です。背景にあるものの一つが、80 年代から盛り上がりを見せるようになったオカルト的な非科学的言説の流行です。この時代には近代的諸制度に対する批判（ポストモダニズム）がエスカレートし、思想雑誌などでも非科学的な言説が流行していました（イスラム過激派のテロについては、第 3 週第 3 日をご覧ください）。

20世紀後半の主なカルト事件

人民寺院

米国の共産主義的プロテスタント教団。教祖ジム・ジョーンズ。
1978 年にガイアナで集団自殺。死者 900 人以上。

ブランチ・ダビディアン

米国の終末論的プロテスタント教団。教祖デビッド・コレシュ。
1993 年にテキサス州で集団武装事件を起こす。死者 80 人以上。

太陽寺院

ニューエイジ系教団。教祖リュック・ジュレ。
1994 年にスイスとカナダで集団自殺。死者 50 人以上。

オウム真理教

ニューエイジ系仏教修行教団。
教祖松本智津夫（麻原彰晃）。
1995 年に東京の地下鉄でサリンを
撒く。死者 13 人、負傷者 6000 人
以上。なお、オウム真理教は他に
もさまざまな犯罪にかかわった。

朝日新聞　1995年3月20日夕刊1面

ヘヴンズ・ゲート

ニューエイジ系ＵＦＯ教団。教祖マーシャル・アップルホワイト、ボニー・
ネトルス。
1997 年のヘール・ボップ彗星出現のとき、救済を信じて米国で集団自殺。
死者 39 人。

各宗教の終末とは?

悪くなっていく世の中と救世主の出現

さまざまな宗教に共通する終末のイメージ

さまざまな宗教が、世の中は次第に質が悪くなっていくというビジョンをもっています。古代の<u>ギリシア神話</u>によれば、人類の歴史は黄金時代、白銀時代、青銅時代、英雄時代、黒鉄時代と続いてきたのですが、概ね後の時代ほど人間の質が悪くなったのだとか。

<u>仏教</u>では、ブッダの教えに対する人々の理解の水準が数百年ごとに落ちていくとされました。最後の段階が「<u>末法</u>」で、この時代になると救いを得るのもなかなか難しくなってしまう。日本では中世の戦乱の時代に末法時代となったと言われるようになり、人々は念仏を唱えて救われたいと願いました。

キリスト教やイスラム教などの<u>一神教</u>の世界観では、絶対神はかつて世界、生物、人類を創造しました(<u>天地創造</u>)。その反対に絶対神が世界の幕を閉じるのがいわゆる<u>終末</u>です。終末はいつやって来るか分かりません。今晩かもしれないし、一週間後かもしれない。数十年後かもしれないし、何十世紀も後のことかもしれません。全く予想がつかないので、いつ世の中が終わってもいいように心の準備をして待っているべきだとされます。

世界が終わると神の<u>審判</u>が始まり、善人は<u>天国</u>へ、悪人は<u>地獄</u>へ送られます。だから覚悟が必要なのです。そういう意味では、終末思想というのは、「いつも注意して善人でいよう」という倫理的な決意の思想だともいえます。

終末はユートピアにつながる?

さて、終末というと、善悪の決戦があったり、地震が起きたり、洪水が起きたり、世界が劫火に包まれたりと怖ろしいイメージを伴うのがふつうですが、終末が一種の世直しのイメージで語られることもあります。<u>救世主</u>が出現して、正義に満ちた<u>ユートピア</u>を現出させるというのです。

仏教には、天の世界で次のブッダになるべく待機中の、<u>弥勒</u>と呼ばれる菩薩

（ブッダの候補）の信仰があります。通常、この弥勒が地上に現れて救済者ブッダになるのは56億7千万年後と、気の遠くなるような未来のこととされています。それにもかかわらず、今まさしく救済者弥勒が地上に出現したとする信仰が歴史上幾度も現れました。幕末の新宗教運動にもその影響があるといわれます。

一神教である**ユダヤ教**では、神の使いとして世直しにやってくる超人を**メシア**と呼びます。17世紀にシャブタイ・ツヴィというメシアが現れたとする信仰が大流行したことがありました。

キリスト教はユダヤ教から派生した宗教ですが（詳しくは第2週第2日参照）、開祖のイエス・キリストはまさしく救世主だと思われた人物です。**キリスト**はメシアに相当する救世主の称号です。キリストの弟子たちはそのままユートピアがやってくると期待したと思われますが、残念ながらイエスは十字架上で死にました。初期のキリスト教会では、復活して今は天にいるキリストがじきに**再臨**して、世界は終末の審判を迎えると思っていました。

各宗教の終末のイメージ

古代ギリシア神話	のちの時代ほど人間の質が悪くなる
仏教	（末法思想）ブッダの教えに対する理解水準が数百年ごとに落ちていく （弥勒信仰）次のブッダになるべく待機する弥勒という菩薩が現れ、救済者ブッダになる
ユダヤ教	メシアが神の使いとして世直しにやってくる
キリスト教 イスラム教	絶対神がいつ世界を終わらせるのかわからない 世界が終わる→神の審判→善人は天国へ、悪人は地獄へ キリストはユダヤ教のメシアに相当する救世主の称号

ポップカルチャー化し混ざりあう終末のイメージ

　その後、終末待望は後退したのですが、歴史上幾度も、何か大事件があるたびに「もうすぐ終末が始まる」というカルト的運動が起きています。そうした運動ではしばしば、聖書の「ヨハネの黙示録」の記述に従って、キリストが統べる1000年間続く地上のパラダイスを期待します。これをミレニアム（千年王国）といいます。主流教会ではこの説を採用していないのですが、民衆的には人気のある終末イメージです。

　現代では終末もミレニアムもポップカルチャー化しており、宗教的にも混交したものとなっています。宗教運動は世の中が「腐敗した」と人々が感じたときに湧き上がるものですから、終末思想とはもともと縁が深いと言えるでしょう。最も派手で複雑に終末を描いた「ヨハネの黙示録」がイメージの源泉になりやすく、仏教系カルトであるオウム真理教も「ヨハネの黙示録」にある最終決戦の地ハルマゲドンをキーワードにして第三次世界大戦の到来を説きました。

グノーシス主義とは?

1-4世紀の中東に流行し、キリスト教にも影響を与えたグノーシス主義は、世界を悪神の創造した監獄と見なします。幽閉された我々人間は、自己の魂の奥に救いの知（グノーシス）を見出すしかありません。これは社会が信用を失い、個人が自らの内側にひきこもりがちな現代の状況を暗示していると言われ、終末ブームと並んでしばしば話題となっています。

「新世紀エヴァンゲリオン」庵野秀明、GAINAX（1995-1996年）

主人公の少年が不条理な状況に苦しみ、最後に奇妙に主観的な救済を得るTV版『新世紀エヴァンゲリオン』（庵野秀明監督、1995-96）はまさにグノーシス主義的かもしれません。

ポップカルチャーの中の「終末」

戦後、核戦争後を描くたくさんの小説や映画がつくられた。ネビル・シュートの小説『渚にて』（1957）は第三次世界大戦で文明の大半が壊滅し、迫りくる死を待ち受ける生き残りの人々の物語。

『渚にて 人類最後の日』（新訳版）ネヴィル・シュート著、佐藤龍雄訳、東京創元社（2009年）

五島勉『ノストラダムスの大予言』（1973）は16世紀の占星術師が1999年の世界終末を予言したとし、日本でブームを巻き起こした。類例としては欧米における2012年人類滅亡説があるが、これはマヤ暦をこじつけたもの。

『ノストラダムスの大予言—迫りくる1999年7の月、人類滅亡の日』五島勉著、祥伝社（1973年）

欧米では終末やディストピアを扱ったSF小説・映画が流行中であるが、日本アニメもその影響下にある。宮崎駿『風の谷のナウシカ』（漫画1982-94；アニメ1984）はとくに生態系崩壊に焦点を当て、テーマを普遍化した。

『風の谷のナウシカ』宮崎駿著、徳間書店（1983-1995年）

次の文を読んで、宗教と陰謀論について考えましょう。

　1950 年代、米国のある終末カルトを、社会心理学者レオン・フェスティンガーの指導する学生が信者になりすまして調査したことがありました。

　その教団では宇宙人の来訪と大洪水による世の終末を予言していたのですが、終末の日が来ても何も起きませんでした。

　ここでもし信仰を棄てたら、それまで仕事を放棄して信仰に打ち込んでいた人生が無駄ということになります。だから信者の多くは信仰を棄てませんでした。しかし予言通りにならなかったという現実は変えられません。

　困り果てた信者たちは、新たな解答を得ることで、立ち直りました。自分たちの祈りによって終末が避けられた、と解釈したのです。

　そしてこの新たな信念を強化するために、彼らは布教活動に邁進しました。

問 3

2020 年のアメリカ大統領選挙で現役のトランプ大統領が落選したときも、はっきりとした根拠を示すことなく、強気で陰謀論を唱える人が大勢いました。

もし選挙が陰謀ではなかったとすれば、この現象と上述のカルトの現象との間にどのような類似があると思いますか？

問 4

歴史上、予言などに失敗した宗教が消え去らずにむしろ人気を盛り返すということが起きています。上に書かれた現象を参照すると、それはどのようなカラクリによると思いますか？

問 3

_____

_____

_____

_____

_____

問 4

_____

_____

_____

_____

_____

問 1

他の集団が強大になって自分たちを脅かすのではないかという警戒心である。 **ポイント** ▶ 宗教の信仰内容よりも、社会的利害関係の方がものを言うということです。

問 2

一神教は絶対神を信じているので、他の宗教に不寛容になりがちだが、日本の宗教のような多神教では、神々の共存に慣れているので、他の宗教に寛容である、と考えているのではないか。 **ポイント** ▶ 日本では、神道は平和な自然崇拝だと考える人が多いのですが、戦前には神道と軍国主義が結びついていたことを忘れているわけです。宗教の姿は時代によって変化するので注意する必要があります。

問 3

どちらの例でも、期待が外れたとき、新しいこじつけの解釈によって辻褄を合わせている。カルトの例では、終末がやってこなかったので、祈りが効いたとこじつけた。トランプ支持者の例では、選挙結果が悪かったので、陰謀があったとこじつけた。

ポイント ▶ フェスティンガーは「認知的不協和」の理論で有名な社会心理学者です。この理論によれば、信念と事実認識が衝突するとき、人間はどちらか一方を変化させるなど種々の手段を講じて認知的不協和を回避しようとします。人間は論理的という以上に、心理的な都合によって生きているのですね。

問 4

予言に失敗すると、無理な解釈をしなければならなくなる。布教により信者が増えれば、無理な解釈を無理だと指摘する人が相対的に減る。

ポイント ▶ 認知的不協和を減らす方法として、賛同者を増やすという手があります。賛同者が増えることによって「予言が失敗した」という不都合な事実が相対的に小さな問題となるからです。

❖

第1週はいかがでしたか？　宗教という現象は、思想、習慣、政治など色々な要素が重なって起きています。確かに複雑ですが、それは人間そのものの複雑性の反映です。そういう意味で考えるとよいかもしれません。

❖

世界をよみとく
4つの宗教

歴史と教えの基礎を学ぶ

✤

第 ① 日

〈ユダヤ教〉キリスト教とイスラム教のルーツを学ぶ

第 ② 日

〈キリスト教〉世界で信者が最も多い宗教を学ぶ

第 ③ 日

〈イスラム教〉時事問題の理解の手がかりを学ぶ

第 ④ 日

〈仏教〉知っているようで知らない日本の主流の宗教を学ぶ

第 ⑤ 日

さまざまな宗教の概要を学ぶ

宗教の非常に大事な点は、一個の「単なる宗教」
というものが存在しないことです。
宗教は「仏教」「キリスト教」
「宗教法人〇〇教団」「△△族の宗教」
「××地方の民間信仰」など、
必ず具体的な、個別的な形をとっています。
それらはみな互いにどこか似ていると同時に、
互いに大きく違っています。
「宗教」という一個の教え、一個の文化など存在しないのです。
世界中にたくさんの宗教（宗教的伝統、宗教的組織）がありますが、
その中でも歴史的に非常に重要な宗教を４つ選んで、
毎日ひとつずつ、その基礎を学んでいきましょう。
ここで取り上げるのは、
ユダヤ教、キリスト教、イスラム教、仏教の４つです。
そして第５日には、他のさまざまな宗教を眺めてみたいと思います。

それぞれの宗教の基礎的な知識は、
世の中の「今」を知り自分の考えを育てるための
最良の材料になるでしょう。

〈ユダヤ教〉
キリスト教とイスラム教の
ルーツを学ぶ

一神教の始まり、旧約聖書、さまざまな戒律

一神教はユダヤ教から始まった

キリスト教とイスラム教の歴史的母胎・ユダヤ教の歴史

　第1週では、そもそも宗教とは何か、人々は宗教に何を求めるのかなど宗教そのものへの理解を深めてきました。第2週はキリスト教とイスラム教という2大宗教の歴史的母胎であり、紀元前2000年紀に起源をもつユダヤ教から学んでいきます。

　ユダヤ教徒は英語で jew あるいは jewish people と言い、これはそのまま「ユダヤ人」とも訳せます。ユダヤ人という民族の伝統的なライフスタイルがユダヤ教なのです。現代のユダヤ人は欧米や中東に散って暮らしており（米国500万人、イスラエル国500万人ほど）、総勢約1600万人です。

　ユダヤ教の教典は旧約聖書で、紀元前における民族の神話や歴史的記録を集めた書物です。旧約聖書に書かれた伝承を中心に、ユダヤ教の成立の歴史を追ってみましょう。

1 　初めて神と契約を結んだユダヤ人の先祖「アブラハム」

　族長アブラハムは、イスラエル人（ユダヤ人の古い呼び名）の伝説的父祖で、彼から神ヤハウェとの関係が始まったとされます。アブラハムの子がイサク、イサクの子がヤコブですが、神ヤハウェのことを「アブラハム、イサク、ヤコブの神」のように言います。キリスト教もイスラム教もアブラハム（アラビア語でイブラーヒーム）を模範的な信仰の人として重視するため、ユダヤ教も含めて「アブラハムの宗教」と呼ぶことがあります。

イスラエルの族長3代
アブラハム、イサク、ヤコブ

民族解放と「十戒」による社会の結束

イスラエル人は一時期エジプトで奴隷生活を送っていたと旧約聖書の「出エジプト記」に書かれています。その記述によれば、民はモーセの指導でエジプトを脱出しました。事実だとしたら前13世紀頃の話です。

伝承によれば、モーセは神ヤハウェから「十戒」などたくさんの戒律を授かりました。その戒律と神話を編纂したものを律法と呼びます（旧約聖書の中核部分です）。この伝承のポイントは、神ヤハウェが救済（民族解放）の神であると同時に、戒律を通じて社会を一つにまとめる神でもあるということです。

3 統一王国の繁栄と滅亡

イスラエル人はカナン（現在のパレスチナ）に侵入し、先住民を制圧し、やがて統一王国を造ります。前10世紀頃のダビデ王、ソロモン王の頃に国家は繁栄しますが、その後、国は2つに分かれ、どちらも異民族によって制圧されます。

若きダビデが敵の大男ゴリアテに
石を投げるところ
ルネサンス画家のミケランジェロ
はたくましい青年の姿に仕立て、
フィレンツェ市の象徴としました
Photo by Livioandronico2013"Mic
helangelo's David 2015"(2015)

4 国家なき民族によるユダヤ教の確立

ユダヤ教が確立したのは、前6世紀に最終的に国家を失ってからです。民は大国のバビロニアに捕囚されたのですが、国家なき民族として、もっぱら律法を頼りとして生きるライフスタイルを確立しました（これ以降、この民はユダヤ人と呼ばれるようになりました）。

神ヤハウェは天地と人類を創造した唯一絶対神と解釈されるようになりました。一神教の始まりです。

捕囚時代以降、ユダヤ人の多くは各地に散って暮らすようになりました。

世界をよみとく4つの宗教 ----- （ユダヤ教、キリスト教とイスラム教のルーツを学ぶ

⑤ 他宗教への派生と近現代の諸問題

　後1世紀にユダヤ教から**キリスト教**が派生し、7世紀には両宗教の影響を受けて**イスラム教**がスタートしました。ユダヤ教徒はキリスト教徒とイスラム教徒の海に囲まれながら各地で少数派として暮らすようになりました。

　時代が飛んで近代になってヨーロッパ社会が国民国家を創出しますと、異分子であるユダヤ人への迫害が強まりました。20世紀前半のナチスによるユダヤ人虐殺もその結果です。

　第2次世界大戦が終わると、ユダヤ人国家としての**イスラエル国**が建国され、大量のユダヤ人が入植しました。しかしこれは地元パレスチナに住んでいたアラブ人（イスラム教徒）を圧迫する形になりました。この**パレスチナ問題**は、今日でもイスラエルと周辺のアラブ諸国との間に軋轢を生んでいます。

〈ユダヤ教の歴史〉重要キーワード

アブラハム：イスラエル人の伝統的父祖

モーセ：神ヤハウェから「十戒」などの戒律を授かる

出エジプト：モーセに率いられ、イスラエルは奴隷生活から脱出した

統一王国：カナン（現在のパレスチナ）に造られたイスラエル人国家

バビロニア捕囚：ユダヤ教の確立のきっかけとなった事件

パレスチナ問題：イスラエル国の建国によるアラブ人（イスラム教徒）との軋轢

中央に塔状の神殿をもつバビロニアの首都、バビロン市
塔は旧約聖書に登場する「バベルの塔」の
モデルとして後世まで知られています。

神話・戒律がまとめられた旧約聖書

　旧約聖書は 39 の書からなる書物（一種の全集本）で、その冒頭の五書を律法と称します。律法には「創世記」「出エジプト記」「レビ記」「民数記」「申命記」が含まれています。

　「創世記」には天地創造や人類の先祖アダムとエバ（イヴ）の物語、ノアの洪水の物語など、たくさんの神話が記されています。

　「出エジプト記」には物語的な記述とあわせて、たくさんの戒律が記されています。律法の他の書にも戒律が書かれています。

　アブラハムの記事は「創世記」にあるのですが、史実性は判然としません。「出エジプト記」にあるモーセの事績も、文字通りの史実ではなく、小さな歴史的事件に尾ひれがついて民族の叙事詩のようになった一種の神話だと考えられています。

　旧約聖書の全体は次のような構成となっています。

　　律法………「創世記」「出エジプト記」「申命記」他全５書
　　預言者……「イザヤ書」など預言者たちの書
　　諸書………「詩編」「ヨブ記」など種々の宗教的文献

世界をよみとく４つの宗教 ──── 〈ユダヤ教〉キリスト教とイスラム教のルーツを学ぶ

宗教では神話と歴史が連続的

　宗教の多くは太古に起源があるので、伝承された歴史に神話が織り交ぜられていることがたくさんあります。

　日本では、「古事記」や「日本書紀」は歴史書として編まれていますが、その冒頭の巻は神々の活躍する神話となっています。

　ユダヤ人は「このときアブラハムはこうしたから、それに倣おう」「今日、これこれのお祭りを行うのは、モーセに率いられた出エジプトの出来事を記念しているのだ」というふうに、旧約聖書の記述を現在の生活規範としています。旧約の記載は、彼らの信仰にとっては「真実」ですが、信仰を離れて客観的に評価するときには「神話」だということになります。

ユダヤ教の歴史や形態について、基礎知識を確認しましょう。

問 1

ユダヤ教と神道はともに民族的な宗教であることもあって、日本において
は、ユダヤ人と日本人とがしばしば比較されてきました。

しかし、宗教を見ても、歴史を見ても、ユダヤ人と日本人との間には大き
な違いがあるように思われます。次の4点に関して、主な相違点を書いて
ください。

　❶民族の人口について
　❷歴史の古さについて
　❸民族と国家との関係について
　❹宗教のあり方について

問 2

文中の空欄に適切な語句を入れてください。

　ユダヤ教徒は端的にユダヤ人とも呼ばれる。民族の起源の段階では
〔　　❶　　〕あるいはヘブライ人と呼ぶのがふつうである。

　ユダヤ教の神の名は〔　　❷　　〕である。神は指導者〔　　❸　　〕
を通じて民族をエジプトから解放したと伝えられている。

　教典は旧約聖書であり、その中核をなす部分を〔　　❹　　〕と呼ぶ。

　紀元前6世紀の〔　　❺　　〕捕囚ののち、一神教としてのユダヤ教の
信仰体系が確立した。

　〔　　❻　　〕教は後1世紀にユダヤ教から派生した宗教である。7世
紀にはさらに〔　　❼　　〕教が成立した。この3つの宗教をまとめてア
ブラハムの宗教と呼ぶ。

問 1

❶
_____

_____

❷
_____

_____

❸
_____

_____

❹
_____

_____

問 2

[❶   ] [❷   ]

[❸   ] [❹   ]

[❺   ] [❻   ]

[❼   ]

律法を遵守するユダヤ民族

ユダヤ教の教えと習慣を知る

第1週
第2週
第3週

①
②
③
④
⑤

神ヤハウェが絶対的な存在…一神教

　基本中の基本は、唯一の絶対的存在である「神」が人間と人間の社会の上に立つという世界観です。旧約聖書の中で「神」はエロヒムと書かれていますが、ヤハウェという固有名ももっています。ヤハウェの名は恐れ多いというので、実際にはそのように発音せず、もっぱらアドナイ（我が主）と呼んでいます。聖書のヤハウェの文字は日本語訳では「主」と記載されています。

　唯一無二の存在だという点で、この神は、神道などの多神教の「神」とは異なるものを指していると理解されます。ユダヤ教のこの性格は一神教と呼ばれますが、キリスト教やイスラム教もこの概念を受け継ぎました。

信者は律法を守り、神はユダヤ民族を保護する

　ユダヤ民族はこの唯一神と契約関係にある民族だとされます。アブラハムやモーセを通じてこの契約は強化されてきました。契約の具体的な中身は、人間が神の戒律──律法──を守り、神が民族を保護するというものです。

　律法の戒律は全部で613項目あるとされています。儀礼のしかた、食物の選別のしかた、性道徳など社会的規範が満載です。

　戒律の要とされるのが、いわゆる十戒（モーセの十戒）です。民をエジプトから解放したモーセが、シナイ半島の神聖な山で神から直接授かったとされています。

十戒

❶他の神々を拝むな。　❷偶像をつくるな。　❸ヤハウェの名をいたずらに唱えるな。　❹安息日を守れ。　❺父母を敬え。　❻殺すな。
❼姦淫するな。　❽盗むな。　❾偽証するな。　❿隣人の家を貪るな。

律法を守るための先生、書物、礼拝施設
…ラビ、タルムード、シナゴーグ

　キリスト教でいえば牧師にあたるのがラビです。この 2000 年間、各地の
ユダヤ人社会は律法の先生であるラビの指導のもとに、共同体の秩序を保っ
てきました。人々は人生の万般にわたってラビに相談し、ラビはタルムード
と呼ばれる、古代のラビたちが律法に施した注釈を集めた膨大な書物をひも
ときながら、ベスト・ソリューションの発見に努めます。タルムードはユダ
ヤ的ライフスタイルの百科事典のようなものだといわれます。

　キリスト教の教会堂にあたるのがシナゴーグです。ユダヤ教の礼拝施設で
すね。キリスト教でいえば十字架がある位置に、律法のいくつかの巻物が置
かれています。シナゴーグの中では、男性は頭にはりつく小さな帽子（キッ
パー）をかぶります。礼拝にあたっては特別なショール（タリート）を身に
まとうなど、独特なスタイルが出来上がっています。

律法の巻物
Photo by HOWI"Köln-Tora-und-Innenansicht-Synagoge-
Glockengasse-040"(2007)

ラビ
©agefotostock/amanaimages

祈りの日の安息日、祭りや通過儀礼

　安息日とは７日ごとに１日、あらゆる仕事をやめる祈りの日です。土曜日（正確には金曜の日没から土曜の日没まで）がこれに当たります。仕事をしないというのは厳格に解釈され、調理の火をつけることもできません。人々は家庭ごとに集まって過ごします。

　ユダヤ教にはたくさんの年中行事があり、そのたびに家族が集まって食事をしたりして祝います。代表的な祭日は西暦９月〜10月ごろに行われる**ヨム・キプル**（贖罪の日）、西暦３月〜４月ごろの**ペサハ**（過越しの祭り）です。

　他に、男子の**割礼**（乳児の陰茎包皮を一部切り取る習慣）、**バル・ミツバ**（13歳の男子の成人式）と**バト・ミツバ**（12歳の女子の成人式）、結婚式、葬式などの通過儀礼があります。

第1週
第2週
第3週

1
2
3
4
5

ヨム・キプル
ユダヤ暦の最初の月（西暦９〜10月）の10日に罪を祓う儀式。生きた鶏を頭の上にかざす。鶏は象徴的に死に、１年間の罪の「お祓い」となる。
©ZUMAPRESS/amanaimages

スコート
西暦９〜10月の中ほどの１週間、仮の小屋を設けて食事をとる。出エジプトで流浪した祖先を思う。収穫祭でもある。
©agefotostock/amanaimages

プーリム
西暦２〜３月のユダヤ式謝肉祭。エステル記を朗読し、三角形の揚げ菓子を食べる。子どもは仮装する。
©agefotostock/amanaimages

ペサハ
西暦３〜４月。出エジプトを記念する。８日間マツァ（イーストなしのパン）を用い、ハガダーと呼ばれる書を朗読しながら晩餐する。春の農業祭でもある。

全人類の神？　ユダヤ人の神？

　もともとヤハウェはイスラエル人（ユダヤ人）の民族的な神でした（つまり他の民族には他の神がいるが、ユダヤ人はヤハウェにだけ忠節を誓う、という一種の多神教）。

　しかし紀元前6世紀以降、ヤハウェのイメージが神学的に超越化し、天地と人類を創造した神ということになりました（一神教の誕生）。

　その結果、ヤハウェは全人類の神でありながらユダヤ人を選んで契約したという、非信者からみれば不思議な信仰形態となりました。これはしばしば「選民思想」と呼ばれます。

　こうした奇妙なロジックは、実は他の宗教にもつきものです。たとえば古事記の神話は、宇宙の創成から始まって、次にイザナキ・イザナミの2神による日本列島の「国生み」の話に移ります。宇宙と日本は語られるが、諸外国が抜け落ちているのです。

〈ユダヤ教の教えと習慣〉重要キーワード

ヤハウェ：ユダヤ教の唯一神の名前。アドナイ（我が主）と呼ぶ

律法：旧約聖書の冒頭の五書。神がイスラエルの民に与えたとされる。

十戒：最も重要な戒律。「モーセの十戒」とも呼ばれる。律法の中の戒律は全部で613。

ラビ：律法の先生。キリスト教でいう牧師にあたる

タルムード：律法に対する古代のラビの解釈を集めたもの

シナゴーグ：ユダヤ教の礼拝施設

安息日：あらゆる仕事をやめる祈りの日。金曜の日没から土曜の日没まで

意外と知られていない細かな食事規定

　律法の戒律は、殺害禁止など納得のいくものもありますが、複雑な儀礼の規定など、合理的でないものもたくさんあります。

　カシュルートと呼ばれる食事の規定も、紀元前のユダヤ人の食事の習慣に由来するもので、合理的意味はありません。

　なお、食べてよい食品のことをカシェールあるいはコーシェルと呼びます（英語で kosher）。

		食べてよい	食べてはいけない
肉類	けもの	牛、羊、山羊など	豚、ラクダ、馬、兎、犬、猫など
	鳥	鶏、七面鳥、アヒル、鴨、鶉など	猛禽類、ダチョウなど
	その他	イナゴ	他の昆虫、爬虫類など
海産物		鱗とヒレのある魚（イワシ、タラ、マグロ、ブリ、カツオ、サバ、アジ、タイ……）	鱗の判然としない魚（ウナギなど）貝類、イカ、タコ、エビ、カニなど
その他		野菜、果物、穀類、蜂蜜、適正な動物の乳製品	

● 専門家が動物を屠ること。　● 傷や欠損のある動物や病死した動物は禁止。
● 肉類は完全に血を抜くこと。　● 肉料理と卵料理を同時に食べないこと、etc…

戒律を柔軟に解釈する宗派もある

　イスラエルに多い正統派と呼ばれる宗派では、律法の規定を厳格に守ろうとし、しばしば独特な身なりをしています。

　アメリカに多い改革派はそれほど厳格に伝統を守らず、近代社会への適合を優先します。

　保守派は両者の中間で、伝統と近代への適応のバランスをとろうとしています。

　正統派ユダヤ教徒の男性は黒いフロックコートに黒い帽子という19世紀までの東欧での正装を続けています。髭を必ず伸ばします。

　20世紀のイスラエル建国については第3週第3日をご覧ください。

ユダヤ教徒のライフスタイルを理解できたか、確認しましょう。

問 3

日本で開かれるイベントに各国の人々を招こうと思います。イスラエル、アメリカ、ヨーロッパ諸国などから来るユダヤ人のお客様については、まずどのような気遣いが必要だと思いますか。実際的に考えてください。

問 4

次の語句を簡単に説明してください。

❶アドナイ
❷ラビ
❸シナゴーグ
❹安息日

問 5

キリスト教の「主の祈り」（⇒21ページ）に相当する、ユダヤ教の最も大事な言葉は旧約聖書「申命記」6章に含まれる次の聖句です。

「聞け、イスラエルよ。私たちの神、主は唯一の主である。
心を尽くし、魂を尽くし、力を尽くしてあなたの神、主を愛しなさい。」

この言葉と「主の祈り」に共通する特徴は何だと思いますか。簡潔に述べてください。

問 3

_____

_____

_____

_____

問 4

❶ _____

❷ _____

❸ _____

❹ _____

問 5

_____

_____

_____

_____

問 1

❶ ユダヤ人約 1600 万人、日本人約 1 億 2000 万人でユダヤ社会は日本社会よりかなり規模が小さい。

❷ ユダヤでは 3000 年ほど前に王権が生まれているが、日本の大和朝廷の起源は 7 世紀頃。ユダヤのほうが歴史が倍ほど長い。

❸ ユダヤ人は長らく世界各地に分散して暮らしてきたが、日本人は単一の国に暮らしてきた。

❹ ユダヤ教は一神教、日本人の宗教である神道や仏教は概ね多神教。宗教形態がかなり異なる。

問 2

ユダヤ教徒は端的にユダヤ人とも呼ばれる。民族の起源の段階では〔❶ イスラエル人〕あるいはヘブライ人と呼ぶのがふつうである。ユダヤ教の神の名は〔❷ ヤハウェ〕である。神は指導者〔❸ モーセ〕を通じて民族をエジプトから解放したと伝えられている。教典は旧約聖書であり、その中核をなす部分を〔❹ 律法〕と呼ぶ。紀元前 6 世紀の〔❺ バビロニア〕捕囚ののち、一神教としてのユダヤ教の信仰体系が確立した。〔❻ キリスト〕教は後 1 世紀にユダヤ教から派生した宗教である。7 世紀にはさらに〔❼ イスラム〕教が成立した。この 3 つの宗教をまとめてアブラハムの宗教と呼ぶ。

問 3

安息日を厳格に守る人や食事規定に従う人もいるかもしれないので、個人個人に「(宗教的な理由による)ご要望はありますか」と尋ねておくべきである。**ポイント** ▶ 信仰については個人差があるので予め決めつけずに対処する必要があります (他の宗教の場合でも同じです)。

問 4

❶ アドナイ：神ヤハウェに対する通常の呼称。「主」と訳される。

❷ ラビ：ユダヤ教の宗教共同体の指導者、律法の専門家。

❸ シナゴーグ：ユダヤ教の礼拝施設。

❹ 安息日：毎週金曜の日没から土曜の日没までのまる一日間。仕事をしない祈りの日。

問 5

いずれの聖句でも、神 (主) こそが中心であることを強調している。

--- ❖ ---

いかがでしたか？ 神道に似て民族的な宗教ですが、一神教である点、律法を遵守する点はずいぶん違いますね。でも、一族で集まって行う多くの行事は、昔の日本の田舎でみられた生活を彷彿とさせるかもしれません。

--- ❖ ---

第2日

〈キリスト教〉
世界で信者が
最も多い宗教を学ぶ

新約聖書、救世主キリスト、
カトリックとプロテスタントの違い

救世主イエスの復活信仰

神との新しい契約、キリスト教の歴史

ユダヤ教徒は救世主（ヘブライ語でメシア）が現れて、宗教的に世直しして
くれることを待ち望んでいました。紀元 I 世紀、ローマ支配下のパレスチ
ナに暮らす一部のユダヤ教徒が、ナザレのイエスという人物こそがその救世
主だと信じました。

イエスは逮捕され死刑（十字架刑）に処されたのですが、信者たちはイエ
スの復活を信じました。この復活信仰からキリスト教が生まれたのです。

当時の地域の国際共通語であったギリシア語では、メシア＝救世主はクリ
ストス（日本語訛りでキリスト）と翻訳されました。

キリスト教徒は数世紀かけてローマ帝国中に広まったのち、ヨーロッパ各
地に伝道されました。

近代になり、ヨーロッパ人の植民地支配を通じて世界各国に伝道され、現
在では全世界で 20 億人以上が信仰しているといわれます。

1 愛を説き、処刑されたイエス

福音書の中の神話的な記述を除くと、ナザレのイエスという人物のプロ
フィールはざっと次のようになります。

▶ 推定紀元前 4 年に生まれ、家業の木材加工業で暮らす。
▶ 30 歳頃にガリラヤ（現イスラエル国北部）で伝道を始める。
▶「神の国」の到来を告げ、隣人愛を説き、民衆の病気を癒やし、体制批判
　を行い、複数の弟子をつくる。
▶ エルサレムで逮捕され、ユダヤ教の祭司とローマ総督によって裁かれ、反
　逆罪の処刑法である十字架刑によって、後 30 年頃に処刑される。

当時の人々が期待したメシア（＝キリスト）とは、超能力的な形で世直し
をし、ローマの支配をも覆すスーパーマンだったと思われます。しかし、イ

エスは愛を説きつつ処刑されました。信者たちはメシアのイメージを根本的に変更せざるを得なくなりました。

２ キリストの「神格化」と新約聖書の誕生

イエスは、死後、神格化されました。イエスは処女マリアから生まれたとされ、病気治しや死者の蘇生などの奇跡を行い、死後３日目に復活して、その後弟子たちの前で天上に昇ったとされました。

イエス・キリストが世に現れた目的は、犠牲死を遂げることで人類の罪を肩代わりする（贖罪する）ことだと解釈されました。信者は律法の遵守ではなく、キリストを信仰することで救われるといわれるようになりました。

キリストに関する神学を確立したのは、イエスの孫弟子世代のパウロという人物です。パウロが各地の信者にあてて書いた複数の手紙に、イエスの伝記である福音書、その他の文書を加えて、新約聖書が編纂されました。

ⒸAlamy Stock Photo/amanaimages

アダムから始まった罪と死がキリストの贖罪と復活によって克服されたと考えられました。

教会は５世紀に、ユダヤ伝来の神（父なる神）、イエス・キリスト（子なる神）、信者の間に働く霊（聖霊なる神）を、別々でもあり同一でもあるとする三位一体説を公式の教理としました。

聖霊
父
子

父（ユダヤ教伝来の天地創造神）と子（キリスト）と聖霊とは三位一体である（それぞれ異なるが同一の神である）。

ⒸZUMAPRESS/amanaimages

③ 大文明を支えるシステムとして信者を増やす

　ローマ帝国内にはさまざまな民族がおり、さまざまな神々を奉じていましたが、ローカルな伝統は弱体化し、次々と新宗教が流行するようになっていました。そんな中で勝ち抜いたのが、**強力な一神教**であり**戒律**や**日々の儀礼の少ない**キリスト教でした。キリスト教は信者を増やし続け、4世紀にはローマの国教になりました。

キリスト教が拡大
したローマ帝国の
最大版図

キリスト教が生まれ
たパレスチナ地域

キリストは威厳ある神となり、
教会の権威と国家の権力が
結びつきました。

©Alamy Stock Photo/amanaimages

　地中海の東方と西方では言語や文化に違いがあり、国家も別々になりました。結局、11世紀に**東方正教会**と**ローマカトリック教会**が分離することになりました。

　さらに16世紀には、ローマカトリック教会の中央集権に反発する人々が離脱を始め、ここから**プロテスタント諸教会**が始まります。

　近代以降の西欧各国では、次第に科学、資本主義、近代国家の法制度が教会の統制を離れていきました。これを**世俗化**と言います。キリスト教はこうした変化を受容しやすい宗教だと言えるかもしれません。

重要キーワード

ナザレのイエス：ユダヤ教徒から救世主だと信じられた
→処刑され、復活の信仰からキリスト教が生まれた

キリスト：救世主のこと。イエスの称号

パウロ：イエスの孫弟子の一人でキリスト教神学の礎を築いた

新約聖書：パウロが信者に送った手紙、イエスの伝記である福音書、その
他文書を編纂したもの

三位一体説：父なる神（ユダヤ伝来の神）、子なる神（イエス・キリスト）、
聖霊なる神（信者の間に働く神）はそれぞれ異なるが同一でもあるとする
教会公式の教理

ここに注目！ 神と人類との新しい契約＝新約聖書

新約聖書は 27 の文書からなる書物です。

冒頭に置かれるのは、福音書、すなわちイエスの出現を「良い知らせ」（中国語で福音）として描く信仰的伝記です。「マタイによる福音書」「マルコによる福音書」「ルカによる福音書」「ヨハネによる福音書」の 4 種があります。

その次にイエスの弟子たちや孫弟子にあたるパウロの活動を記した「使徒言行録」が置かれます。

そのあと「ローマの信徒への手紙」など、パウロが各地の信者にあてた手紙や、その他の書簡類が並べられます。

そして最後に、世界の終末のビジョンをつづった「ヨハネの黙示録」が置かれます。

キリスト教では、ユダヤ教の世界を神と人類との旧い契約と捉え、その教典を旧約（Old Testament）と呼び、福音書などを神と人類との新たな契約と捉え、新約（New Testament）と呼び、あわせて「聖書（Bible）」と呼んで、教典としています。

キリスト教の歴史や教えについて、基礎知識を確認しましょう。

問 1

日本の神社では 6 月と 12 月に大祓の儀礼を行い、人々の
穢れや罪を祓います。人形とよばれる紙に穢れを移して、
それをお祓いするのです。また、流し雛などの民間行事
では、雛が人間の穢れを背負って流れていってくれると
されます。

Photo by Bakkai
" H i t o g a t a
2"(2006)

キリストの神学にこれと似たようなものがあ
るとすれば、それはどのようなものでしょう
か？

穢れ・罪を背負ってくれる人形
と雛人　©SHUICHI_OKADA/
amanaimages

問 2

文中の空欄に適切な語を入れてください。

〔　❶　〕のイエスが愛を実践する一方で体制批判を行い、逮捕されて処
刑された。1 世紀のことである。〔　❷　〕はその処刑具であった。

　信者たちはイエスをキリストであると信じ、またその復活を信じた。ヘ
ブライ語で〔　❸　〕と呼ばれるキリストとは、救世主を意味する称号で
ある。

　聖書は、イエスの生涯を綴った 4 種の〔　❹　〕、複数のパウロの書簡、
ヨハネの黙示録などからなる〔　❺　〕と、ユダヤ教から受け継いだ旧約
聖書の 2 部から成る。

　キリスト教はやがて大きな勢力となり、4 世紀にはローマ帝国の国教に
もなった。その後はヨーロッパ一帯に広まった。11 世紀に〔　❻　〕教
会とローマカトリック教会が分離し、さらに 16 世紀以降〔　❼　〕諸教
会が独立した。

[❶   ] [❷   ]

[❸   ] [❹   ]

[❺   ] [❻   ]

[❼   ]

世界をよみとく4つの宗教 ┈┈┈ 〈キリスト教〉世界で信者が最も多い宗教を学ぶ

神への愛と隣人愛がモットー

キリスト教の教えと習慣を知る

信仰生活に入るための儀式…「洗礼」

　どの宗派でも、入信者は洗礼と呼ばれる行事をこなします。これは頭に水を少しかけるか、あるいは全身を桶の中の水に浸すかして、霊的な生まれ変わりを象徴するものです。それまでの人生の罪を悔い改めて、新たな信仰生活に入るというケジメの儀式ですね。

　水を使うのは、古代における水の霊的浄化力への信仰の名残りでしょう。神道の禊（水で穢れや罪を祓うこと）と似ていますが、禊が幾度でも行われる儀礼であるのに対し、洗礼は一世一代の儀式となっています。

最後の晩餐に基づく儀礼…「聖餐」

　最も大事な行事は、日曜日ごとに行われる聖餐式です。カトリックではミサ、東方正教会では聖体礼儀と呼ばれています。

　これは、イエスが弟子たちととった最後の晩餐において、パンをキリストの体、ワインをキリストの血として記念するように告げたという伝承（福音書にも書かれている）に基づく儀礼です。

　キリストの裁判と処刑は、過越しの祭りと呼ばれるユダヤ教の行事の期間中に行われました。このお祭りでは、羊などの犠牲を神殿に捧げ、血を流し肉を共食しました。キリストの体と血をめぐるイメージはここに由来するものです。

レオナルド・ダ・ヴィンチの描く有名な「最後の晩餐」

たくさんの宗派が存在する

中東にはエジプトの**コプト教会**、**エチオピア教会**、**シリア教会**といった独立の教会組織があります。

ギリシアから東欧、ロシアにかけては**東方正教会**がひとまとまりの宗派をなしています（それぞれギリシア正教、ロシア正教などと呼ばれている）。

ギリシア周辺を除いた南欧一帯では、ローマ教会を中心とする**ローマカトリック教会**が独立の宗派となっています。フランスもドイツの南部もポーランドもカトリックです。海を越えた中南米諸国（メキシコやブラジルなど）や、フィリピンもカトリックです。ローマ教会の特徴は**ローマ教皇**（法王）を中心とする中央集権であることです。

16世紀以降このローマ教会の支配から逃れた西欧各国の教会を、ひとまとめに**プロテスタント**と呼びます。地域的にはドイツ北部、オランダ、北欧、英国、さらに米国、カナダ、オーストラリアなどです。米国では長い期間の移民を通じてカトリック教徒も大きな勢力をなすようになりました。

プロテスタントにはさまざまなサブの宗派（教派）が含まれる

ルーテル教会（16世紀ドイツのマルティン・ルターに由来）

改革派（スイスの宗教改革者に由来）

英国国教会（制度的にはカトリックに近い。アングリカンともいう）

会衆派（英国国教会から分離。英国・米国でピューリタンとして活躍）

バプテスト派（米国で勢力が大きい）

メソジスト派（18世紀英国に始まる信仰復興運動）　etc…

なお、正教会やカトリックでは儀礼を取り仕切る聖職者を**司祭**と呼び、「神父」と呼びかけます。プロテスタントは聖職者の制度をやめて信徒が聖書を直接読むことにしましたが、**牧師**がその教師のような役割を務めています。

日本への伝道

　日本では明治以降、正教、カトリック、プロテスタントのキリスト教3宗派が布教伝道しています。それぞれの有名な教会堂として、函館ハリストス正教会の主の復活聖堂、カトリックの大浦天主堂（長崎）、「光の教会」として知られるプロテスタント系日本基督教団の茨木春日丘教会（安藤忠雄設計）を挙げておきましょう。

主の復活聖堂

大浦天主堂

茨木春日丘教会

神に仕える修道の制度

　正教会やカトリックには、清貧、貞潔、従順を誓い、人生を神に捧げる修道の制度があり、さまざまな修道会があります。

　カトリックを例に挙げますと、修道院に籠って暮らすタイプのものとしてベネディクト会、カルメル会、シトー会、トラピスト会などがあります。都市社会において福音伝道や慈善活動を活発に行う中世末期以降に誕生したタイプのものとしては、フランシスコ会、ドミニコ会、イエズス会があります。イエズス会の創始者の一人であるフランシスコ・ザビエルは日本伝道で有名ですね。

フランシスコ・ザビエルの肖像とイエズス会の紋章
戦国時代のキリシタンは宗派としてはカトリックです。呼び名はクリスチャンにあたるポルトガル語がキリシタンのように聞こえたことによります。

ここに注目！ カトリックとプロテスタントの違い…制度や儀礼

欧米社会の２つの大宗派、カトリックとプロテスタントの間には具体的にどのような違いがあるのでしょうか？

カトリックはローマ教皇（法王）中心の中央集権的な組織を備えています。こうした制度を批判して16世紀以降に成立したプロテスタントの諸教会には全体の中心というものがありません。

カトリックは司祭（聖職者）の組織が信者の魂の世話をします。信者は罪を告白し、司祭を通じて神の赦しを得ます。司祭が行うミサなどの祭礼が重要であり、聖書を読んで解釈するのも聖職者や神学者の仕事です。これに対してプロテスタントは概ね儀式を簡素化しています。牧師に学びながら聖書を勉強することも多いです。

ヨーロッパのカトリック教会には中世以来の巨大な大聖堂（カテドラル）がいくつもあり、その中で壮麗な儀式が執り行われます。プロテスタントは、教会堂もそこで行う儀礼も簡素です。

カトリックは概ね保守的でしたが、戦後は教皇の指導のもとでかなりリベラル化しています。プロテスタントには中心がないので、教会によって極めてリベラルなものから極めて保守的なものまでさまざまです。ファンダメンタリストはプロテスタントの超保守です。

世界をよみとく４つの宗教 —————〈キリスト教〉世界で信者が最も多い宗教を学ぶ

	カトリック	プロテスタント
組織の中心	ローマ教皇（中央集権的）	なし（カトリックを批判）
教職的立場	司祭	牧師
儀式	ミサなどの祭礼	簡素化
教会	大聖堂で壮麗な儀式	簡素化

ここに注目！ キリスト教の人気の理由と神学上のイメージ

イエスは貧者、病者、罪人として蔑まれる人々（つまり社会的弱者）のただ中で暮らし、彼らこそが救われるべき存在だとしました。この愛（隣人愛）の教えがキリスト教の中核にあります。

しかしそれだけでキリスト教が成立したわけではありません。

キリスト教が人気を勝ち得たのは、贖罪と復活の教え、そして律法からの解放が民衆の心をつかんだことによると思われます。

キリスト教はユダヤ教における絶対神信仰の峻厳さを受け継ぎました。だから神学上のキリストには、愛の伝道者というソフトなイメージのみならず、不信仰者を地獄に落とすというハードなイメージがあります。

古代の人々は自分の生きている間にキリストは再臨し、最後の審判によって世を裁くと信じていました。

『最後の審判』ミケランジェロ、システィーナ礼拝堂
徳島県の大塚国際美術館には空間ごと再現した
陶板複製画がある。

近現代の欧米人にキリストの教えはどう根付いている?

　キリスト教では、ユダヤ教やイスラム教におけるような、一般信徒全体を包む精緻な戒律の体系はありません。神への愛と隣人への愛を実践したとされるイエス・キリストの生き方が信者の模範となりますが、具体的規範は時代とともに変化し、近現代ではかなり自由に解釈されるようになりました。近代欧米人が行動上の大きな自由を享受できたのも、こうした宗教の構造によるところが大きいでしょう。

　隣人愛をモットーとするキリスト教の慈善精神は、いわゆるチャリティー活動や寄付の習慣として、信仰心の衰えた近現代においても根付いています。日本にはそのような習慣はありませんので、宗教の違いによる文化的行動の違いの最も目につく例としてしばしば指摘されています。

日本におけるキリスト教由来の文化について調べ、考えましょう。

問 3

次の日本語の慣用句はキリスト教あるいは聖書に由来するものです。それぞれ、意味とキリスト教的な由来を図書やネットで調べて自分の言葉でまとめてみましょう。

❶「十字架を背負う」
❷「迷える子羊」
❸「目から鱗が落ちる」
❹「狭き門」

問 4

キリスト教では結婚式は神の前の儀礼ですが、日本の伝統では結婚は神社やお寺とは無関係に、家々で夫婦がともに盃（三々九度の盃）を戴くなどして執り行われました。しかし明治以降、西洋の影響を受けて結婚式場で盛大な披露宴とともに行われることが増え、とくに神道式の「神前結婚」が一般的になりました。

近年はチャペル式の結婚式が流行しています。信者でなくても受け付けられるのが普通です＊。日本ではキリスト教信者の実数は伸びておらず常に少数に留まっているのに＊＊、キリスト教式結婚式が流行していることにはどのような理由があるとあなたは思いますか？

＊式の前にキリスト教の講座を受けることが求められることがあります。
＊＊信者数は概ね100万人前後で推移しています。

問 3

❶

❷

❸

❹

問 4

問 1

キリストが罪を背負ったという思想は、大祓の人形や流し雛が穢れを肩代わりするという考えに似ている。

ポイント ▶ キリストの信仰も、大祓や流し雛の信仰も、犠牲の思想の上に成り立っています。罪を祓うために動物を犠牲（供犠）にした原始的な習慣に由来するものです。

問 2

〔❶ナザレ〕のイエスが愛を実践する一方で体制批判を行い、逮捕されて処刑された。１世紀のことである。〔❷十字架〕はその処刑具であった。

信者たちはイエスをキリストであると信じ、またその復活を信じた。ヘブライ語で〔❸メシア〕と呼ばれるキリストとは、救世主を意味する称号である。聖書は、イエスの生涯を綴った４種の〔❹福音書〕、複数のパウロの書簡、ヨハネの黙示録などからなる〔❺新約聖書〕と、ユダヤ教から受け継いだ旧約聖書の２部から成る。キリスト教はやがて大きな勢力となり、４世紀にはローマ帝国の国教にもなった。その後はヨーロッパ一帯に広まった。１１世紀に〔❻東方正〕教会とローマカトリック教会が分離し、さらに１６世紀以降〔❼プロテスタント〕諸教会が独立した。

問 3

❶「十字架を背負う」：逃れられない苦難を引き受けて生きるという意味。もとはキリストが弟子に「自分の十字架を背負って」キリストに付いていくことを求めたことによる。**ポイント** ▶ ルカ福音書 14 章など

❷「迷える子羊」：人生に迷う人々、とくに神を求める信者のこと。キリストは自らを羊飼いにたとえた。
ポイント ▶ ヨハネ福音書 10 章

❸「目から鱗が落ちる」：何かをきっかけにして物事の真相が見えてくるという意味。パウロがキリストの声を聴いて目が見えなくなり、その後目から鱗のようなものが落ちて見えるようになったという故事にちなむ。**ポイント** ▶ 使徒言行録 9 章（パウロはこのとき回心してキリスト教徒となった）。

❹「狭き門」：競争上の難関。キリストの言葉「狭き門から入れ」に由来し、困難だが天国の救いを目指せというのが本来の意味。**ポイント** ▶ マタイ福音書 7 章

問 4

チャペルで結婚式で挙げる人がみなクリスチャンになるわけではなく、むしろキリストが一種の「縁結びの神」として多神教の神々の中に加えられたとも考えられる。

--- ❖ ---

西洋文明を支えてきたキリスト教には国際的な影響力があります。
信者ではなくても、その教えや習慣を知っておくことはとても大事です！

--- ❖ ---

〈イスラム教〉
時事問題の理解の
手がかりを学ぶ

預言者ムハンマド、神政共同体、イスラム法

神政共同体モデルの模索

戒律の宗教、イスラム教の歴史

　ユダヤ教とキリスト教の影響のもと、イスラム教が7世紀のアラビア半島で成立しました。メッカの交易商人ムハンマド（570年頃〜632年頃）が一神教の神（アラビア語でアッラー）からの啓示を受けたというふうに伝えられています。

　ムハンマドの死後、信者が記憶していた神の言葉が集められ、コーラン（クルアーン）が編集されました。イスラム教は神政共同体を理想とする宗教です。神の言葉を集めたコーランから戒律を読み取り、それに沿ったライフスタイルを築くのです。

　これは律法に従って暮らすユダヤ教に似たシステムです。他方、戒律の負担はユダヤ教よりも軽く、救いの扉を全人類に開いているという点で、キリスト教にも似ています。

1 唯一神の前の平等に救われたアラブ人たち

　イスラム教が興った7世紀頃の中東の地図を見てみましょう。地中海地域にはかつてのローマ帝国を継ぐビザンツ帝国がありました。国教はキリスト教です。現代のイランのある地域にはササン朝ペルシアがあり、ゾロアスター教を国教としていました。

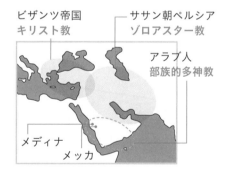

　この2地域が国家として編成され、高度な神学をもつ宗教を国教としているのに対し、アラビア半島のアラブ人は諸部族の連合体であり、宗教はさまざまな神や霊を祀る多神教的な部族宗教でした。メッカのカアバ神殿はアラブ多神教の信仰センターで、カアバの中にはたくさんの神々の像があったとも言われます。

メッカはビザンツ、ペルシア、インド、東アフリカなどを結ぶ交易ルートの一拠点でした。ムハンマドもまた隊商（キャラバン）貿易で財をなした交易商人でした。ムハンマドをはじめとするアラブ人たちは各地に点在するユダヤ教徒やキリスト教徒の一神教信仰のことを知っていたと思われます。

ムハンマドは天使ジブリール（キリスト教のガブリエルに相当）を通じて神からコーランを授かったと言われます。

こうした環境の中で、40歳を過ぎて商売も落ち着いたムハンマドの心に一神教の神の啓示が下ったようです。当時の部族社会では格差化が進み、部族宗教では救われない貧者たちがいました。一神教の神は、端的に神の前の人類の平等を説きます。一神教の教えが有難く思われたことは間違いありません。ムハンマドの教えを信じた人々を教友と呼びます。

2 ムハンマドの啓示による神政共同体の始まり

ムハンマドと信者たちはメッカの有力市民から迫害され、メディナ（当時の名称はヤスリブ）に移住します。イスラム暦（ヒジュラ暦）は西暦622年のこの聖遷（ヒジュラ）を紀元とする太陰暦です。

今日でも全世界のイスラム教徒はメッカのカアバの方向を向いて祈ります。カアバの方向をキブラと言います。また、メッカ大巡礼の際には、カアバの周囲を7回まわることになっています。

メディナではムハンマドの受ける啓示によってさまざまな政治的・社会的事案を採配する共同体が始まりました。今日でもこの時代をモデルとしてイスラム共同体の理想の実現が模索されています。

メッカ市民との間には幾度か小競り合いが続きましたが、最終的にムハンマドがアラブ諸部族の信頼を勝ち取り、メッカは譲歩することになりました。630年にムハンマドたち

はメッカに無血入城し、カアバの神々を廃棄しました。

③ 後継者問題による2大宗派への分裂

　ムハンマド死後もイスラム教の政体は急拡大を続け、8世紀にはアフリカ西端から中央アジアまでがイスラム帝国の領内に入りました。

　ムハンマドの後継者をカリフと呼びます。第4代カリフであるアリー（7世紀）の暗殺後の処理をめぐって、多数派のスンナ派と少数派のシーア派（アリーの党派という意味）に分かれ、これが今日までイスラム教の2大宗派となっています。シーア派はイランとその周辺に広がっています。

宗教の政治性

　現代日本人や欧米人の感覚では、宗教は個人的な信念の問題となっています。しかしこれは、一つには仏教が悟りを強調し、キリスト教がキリストへの信仰を強調したためであり、また一つには近現代において宗教の社会的役割が後退したためです。

　しかし原始的な段階では、宗教とは部族や村の人々がみな神々の名によってさまざまな慣行や呪術を実践するというものでした。一神教においても、ユダヤ教はユダヤ人のライフスタイルそのものです。ユダヤ教の神話では、神は民族全体をエジプトから解放したのであり、民族全体が神と律法の契約を結んだのでした。

　このような思考法においては、宗教と政治とは区別されないか、微妙に連続しあっています。神が天地の全体を造ったのだから、神と無関係の領域はまったく存在しないのです。イスラム教はこうした建前を端的に貫く構造をもっています。

　宗教と政治の関係については第3週第3日をご覧ください。

重要キーワード

ムハンマド：神アッラーから啓示を受けたとされるイスラム教の創始者

アッラー：アラビア語で一神教の神をあらわす

カアバ：元はアラブ多神教の信仰センター。現在はイスラム教徒の礼拝方向の基準点となっている

メディナ：ムハンマドたちがメッカ市民から迫害され移住（聖遷）した地

メッカ：カアバの所在地。630年にムハンマドたちが無血入城

スンナ派とシーア派：後継者問題で分裂した2大宗派

ここに注目！ アラブ人以外にも広がるイスラム社会

イスラム世界では、**ムハンマド**の後継者とされるカリフが支配する政治体制が基本的に続くことになります。

第4代アリーが暗殺されたあと、ウマイヤ家（ムハンマドの親族）の者がカリフを世襲する**ウマイヤ朝**が成立します。ウマイヤ朝はアフリカ西端・スペインから中央アジアまで広がりましたが、アラブ人が現地民を支配する構造でした。

8世紀に始まる**アッバース朝**（ムハンマドの別の親族に由来）は、イスラム法による統治形態を完成させ、アラブ人以外のイスラム教徒全体の平等を実現しました。

その後、アラブ人とは言語的にも文化的にも大きく異なる**ペルシア人**、**トルコ人**、**インド人**、**マレー人**等々がイスラム世界に流入し、それぞれの歴史を築いていきます。インドの**ムガル帝国**、トルコを中心とする**オスマン帝国**などがよく知られています。

イスラム教の歴史や形態について基礎知識を確認しましょう。

問 1

キリスト教とイスラム教は世界的な影響力のある2つの一神教ですが、日本ではキリスト教に比べてイスラム教に対する知識があまり普及していません。その理由は何だと思いますか？

問 2

イスラム教がユダヤ教と似ている点、そしてキリスト教と似ている点について、本文ではどのように書いていますか？　簡潔に書いてください。

問 3

文中の空欄に適切な語を入れてください。

　イスラム教は〔　❶　〕世紀にアラビア半島の都市メッカの交易商人〔　❷　〕が神の啓示を受けたことによって始まった。啓示の言葉を集めたものが教典〔　❸　〕である。

　イスラム暦は開祖と信者たちが迫害を受けて〔　❹　〕に移住した時を元年とする太陰暦である。この移住は聖遷と呼ばれる。

　のちに開祖と信者たちはメッカに無血入城し、町の中央にある神殿〔　❺　〕の中の神々の像を一掃した。今日でもイスラム教徒はこの建物に向かって祈る。

　イスラム教はその後急速に西アジアと北アフリカに広がった。イスラム教の主要な宗派は〔　❻　〕派である。少数派の〔　❼　〕派はイランとその周辺に広がっている。

問 1

_____

_____

_____

問 2

_____

_____

_____

問 3

[❶   ] [❷   ]

[❸   ] [❹   ]

[❺   ] [❻   ]

[❼   ]

神の教えと社会の結びつき

コーラン中心のライフスタイル

イスラム教の神、帰依、帰依者
…アッラー、イスラーム、ムスリム

イスラム教徒の考え方では、ユダヤ人やキリスト教徒に実践されてきた一神教信仰を、より明快な形で実践しているのがイスラム教ということになります。神は常に同じ唯一神であり、アラビア語でこれをアッラーと呼びますが、「神」「God」と呼んでも同じです。

「イスラーム」とはその唯一神への「帰依」を意味し、「帰依者」が「ムスリム」です。歴史的に成立したイスラム教が実質的にイスラームであり、イスラム教徒がムスリムということになります。

信じるべき6つのもの…六信

イスラム教徒が信じるべきものは、六信としてまとめられています。

①唯一神（が実在すること）。

②神の伝令としての天使（複数）。

③地上における神のメッセンジャーである使徒（複数）。これには旧約聖書の預言者アダム、ノア、アブラハム、モーセ、ダビデや、新約聖書の預言者イエス、そして最終的な預言者であるムハンマドが含まれます。

④そして彼らが人々に与えた啓典（複数）、すなわち律法、詩編、福音書などの聖書の文書や、神の最終的な啓示であるコーランです。

⑤終末後に展開する来世、つまり楽園（天国）と火獄（地獄）の存在。

⑥定命、すなわち神が世界に起こる一切と人間の運命をすべて知っているということ。

実行すべき5つの行動…五行

イスラム教徒が実践すべきものは、五行としてまとめられています。

①信仰告白（シャハーダ）。入信に際しては「ラー・イラーハ・イッラッラー（アッラー以外に神はなし）」「ムハンマド・ラスールッラー（ムハンマドはアッラーの使徒である）」と２人の男性信者の前で唱えます。

基本的な礼拝の流れ

立つ祈りと坐る祈りを繰り返し、
最後に左右の同胞に向かい平安を祈って終わる。

②礼拝（サラート）。夜明け前、昼、日没前、日没後、夜の５回行なう義務的な礼拝で、礼拝の作法や唱える言葉も下のように定められています。

慈悲あまねく慈愛深きアッラーの御名において

万有の主、アッラーにこそ凡ての称賛あれ

慈悲あまねく慈愛深き御方

最後の審きの日の主宰者に

わたしたちはあなたにのみ崇め仕え、あなたにのみ御助けを請い願う

わたしたちを正しい道に導きたまえ

あなたが御恵みを下された人々の道へ、あなたの御怒りを買っていない

人々、また踏み迷ってもいない人々の道へ

（日本ムスリム協会訳コーラン、第１章より）

③喜捨（ザカート）。財産に応じた定率の額を差し出し、貧者や困窮者等のために使用されます。

④ラマダーン月の断食（サウム）。イスラム暦のラマダーン月の１か月間、食欲と性欲のコントロールを行います。断食といっても日没後はみなで共食し、お祭り状態となります。

⑤メッカへの大巡礼（ハッジ）。イスラム暦の巡礼月に行われ、余裕のある者だけが行えばよいものです。メッカでの行事は定まっています。

コーランに基づき体系化されたイスラム法（シャリーア）

　イスラム法（シャリーア）とは、コーランに示された神の教えに沿った暮らしをするために、体系的に整えられた義務から禁止までのシステムです。五行などの儀礼的規定のみならず、結婚や遺産相続などをめぐる民法、契約などをめぐる商法、犯罪にかかわる刑法に相当する部分を含みます。ムハンマドの死後、コーランやムハンマドの生前の言行を集めた伝承などをもとに行動規範を体系化していく学問的作業が続けられ、西暦10世紀頃までには法学として整ったと言われます。

　イスラム法では、ある行為の義務や禁止の度合いが一般に5段階で示されます。礼拝などは義務とされます。自発的に喜捨を行うのはそれより弱い推奨です。売買などは行っても行わなくても自由すなわち許容です。中絶などは行わないほうがベターすなわち忌避、殺人や窃盗などは禁止です。

義務　⇔　推奨　⇔　許容　⇔　忌避　⇔　禁止

　よく知られているのは豚肉食の禁止ですね。ユダヤ教ではたくさんの食物が禁止されていましたが、イスラム教ではほとんどこれだけに絞られました。ただし、動物は正しい作法で屠られなければなりません。イスラム法的に合法的な食品を「ハラール食品」と呼ぶことはよく知られています。

　なお、スンナ派には4つの法学派があり、シーア派にも独自の法学があります。一般信徒からの質問に答えて法学者が示す回答を「ファトワー」と言います。我々の社会で弁護士に相談すると、六法全書を読み込んだ一つの回答が提示されるというのに似ています。

重要キーワード

イスラーム：唯一神への「帰依」

ムスリム：唯一神への「帰依者」＝イスラム教徒

六信・五行：イスラム教徒が信ずべき6つのもの、実行すべき5つの行動

シャリーア：コーランなどをもとに体系化されたイスラムの法。

イスラム教は女性の権利をどう考える?

　前近代の社会では男尊女卑が一般的であり、英国などでもほとんど20世紀になるまで女性には遺産相続権が与えられていませんでした。しかしイスラム法では昔から女性の遺産相続を認めています。実は前近代においては、「イスラムは女性に甘い」と噂されていました。

　しかしここ1世紀の間に、欧米社会は伝統的慣習や宗教的規定などをどんどん棄てていき、男女の関係に関してもどんどん平等化を進めました。西欧社会はこの点で変わり身が早く、また徹底しています。

　西欧や日本は、社会に秩序を与える法律と精神的な訓戒としての宗教とをすっかり切り離しました。キリスト教や仏教を主とする世界ではそれが比較的容易にできましたが、精緻な宗教法を発達させてきたイスラム教ではそれがなかなか難しいのです。

　イスラム法の規定では、女性の相続権は男性の半分です。コーランにそのように書かれています。男性が家族全体の保護の役割を負うため、男性の相続額が多いのです。古代社会では人間は厳しい自然環境と繰り返される戦争をしのぎながら暮らしており、女性が子育て、男性が力仕事や戦役など公の仕事を分担してぎりぎりの暮らしをしていました。そういう時代性を考えると、男女の扱いの数的な不平等にもそれなりの理由があったと思われます。

　しかし生活環境が変わった近代社会においても、神の定めたという規範は基本的に変えられません。現代社会ではこの点がしばしば問題になっています。

イスラム法復興の動きも起こっている

　イスラム諸国では、近代化や欧米による植民地化を通して、西欧諸国のような近代的な国内法制度を取り入れてきました。イスラム法は国内法の中には必ずしも取り入れられていませんが、日常生活の側面では生き続けています。20世紀後半にはイスラム主義者たちによってイスラム法を国内法にしようという動きも活発化しました。

イスラム教徒のライフスタイルをあなたの仕事や日本の生活にひきつけて考えてみましょう。

問 4

イスラム教徒を学校や職場に迎えるとき、日々のスケジュールや部屋の使い方に関して最も気をつけなければならない点は何だと思いますか？
また、それが何か月にもわたる場合は、行事に関して、どんな点に留意すべきだと思いますか？

問 5

イスラム教徒が豚肉を食べないことはよく知られていますが、豚肉をふつうに食べる日本社会ではピンとこない習慣であるようです。そこで、下記の3つの問いについて考えてみてください。

❶一般の日本人がふつう食べることを嫌がる食肉としてどのようなものがありますか？　思いつく例を挙げてください。

❷そのことから、イスラム教徒の習慣についてどのようなことが類推できるでしょうか？

❸しかし日本人の場合と、イスラム教徒の場合とでは大きく異なる点もあります。それは何ですか？

日々のスケジュールに関して:

_____

_____

_____

長い期間のスケジュールに関して:

_____

_____

_____

問 5

❶

_____

_____

❷

_____

_____

❸

_____

_____

世界をよみとく4つの宗教 ----- 《イスラム教》時事問題の理解の手がかりを学ぶ

問 1

イスラム諸国とは地理的に離れているため、歴史的に直接接する機会がなかった。キリスト教の場合は、戦国時代の宣教師の来訪や明治以降の西洋文明の輸入によってそれなりに接する機会があった。

問 2

戒律を重んじる点でユダヤ教に似ており、世界中の人が救いの対象である点でキリスト教に似ている。

問 3

イスラム教は〔❶7〕世紀にアラビア半島の都市メッカの交易商人〔❷ムハンマド〕が神の啓示を受けたことによって始まった。啓示の言葉を集めたものが教典〔❸コーラン（クルアーン）〕である。イスラム暦は開祖と信者たちが迫害を受けて〔❹メディナ〕に移住した時を元年とする太陰暦である。この移住は聖遷と呼ばれる。のちに開祖と信者たちはメッカに無血入城し、町の中央にある神殿〔❺カアバ〕の中の神々の像を一掃した。今日でもイスラム教徒はこの建物に向かって祈る。イスラム教はその後急速に西アジアと北アフリカに広がった。イスラム教の主要な宗派は〔❻スンナ〕派である。少数派の〔❼シーア〕派はイランとその周辺に広がっている。

問 4

日々のスケジュールに関して：毎日5回の礼拝のための時間を空け、祈りのスペースを確保しておくこと。

ポイント ▶ 正確な時間がいつかはインターネットで調べられます。信者の方に直接尋ねるのもいいでしょう。

長い期間のスケジュールに関して：ラマダーン月に当たらないか調べて行事を調査する必要がある。

問 5

❶犬、猫、蛇、昆虫はふつう食べない。**ポイント** ▶ 中国では犬肉を、日本では鯨肉や馬肉を食べることがあります。いずれも欧米人は食べません。

❷根っからのイスラム教徒は豚肉をそもそも食べたことがないので、不自由に感じないし、食べることに対してはむしろ嫌悪感を感じそうだ。これは日本人が食べないものからの類推から分かる。

❸イスラム教では豚肉食の禁止が規定されているのに対し、日本人の場合は単なる習慣であり、変更不能ではない。

❖

イスラム教はユダヤ教やキリスト教よりも後に生まれただけに、六信五行のように要点が整理されていて案外分かりやすいです。ただし厳格な一神教である点、戒律重視の点では、日本人には理解しづらい宗教かもしれません。

❖

〈仏教〉
知っているようで知らない
日本の主流の宗教を学ぶ

輪廻転生、修行と解脱、悟りと安心

インドの王子がひらいた悟り

苦しみの中でも生きる方法を説いた宗教、仏教の歴史

これまで見てきたユダヤ教、キリスト教、イスラム教は中東生まれの一神教でしたが、本日のテーマである仏教はヒンドゥー教とともにインド生まれの宗教です。仏教もヒンドゥー教も一神教ではありません。どちらの宗教も、輪廻という世界観をもち、修行して解脱することを究極の目標として掲げています。

仏教の開祖、釈迦（前463年頃～前383年頃）は苦に満ちた人生の中で生きる秘訣を見出した（悟った、解脱した）とみなされ、ブッダ（仏陀、仏）（意味は「目覚めた者」）との称号を得ました。

釈迦より数世紀のちに発展した大乗仏教では、釈迦にならって坐禅のような修行をする者も、神格化された仏たちに向かって念仏を唱えてその救済を願う者もいます。

第1週
第2週
第3週

1
2
3
4
5

① 老・病・死の苦しみへの悟りをひらいた釈迦

古代インドで王国どうしの戦いが続く前5世紀頃、小国の王子ガウタマ・シッダールタ（釈迦の本名）は、王となるよりも人間の苦悩に対する答えを見つける方を選びました。彼は29歳で王家を出て（出家）、森林で修行し、35歳で悟りをひらいてブッダと号し、弟子たちを指導するようになりました。

王子が問題とした苦悩とは、老・病・死であったとされます。人間はいかに栄華を誇っていても老・病・死は免れません。

あらゆるものは変化するのであり、何一つ壊れないものなどない、と釈迦は喝破しました。

ではどうしたらよいのか？ 釈迦の答えは、瞑想を通じて徹底的に自己と世界とを観察し、変化する物事から観察者である自分自身を切り離すというものです。自らも老い、病にかかり、死に向かいますが、そうした変化の事実から目を背けず、それを厭うという迷妄に囚われないようにするのです。

2 修行を中心とした初期の教団

釈迦は信者たちを、瞑想修行に徹する<u>出家者</u>と、囚われのない心をほどほどにめざす<u>在家者</u>の2段階に分けました。出家者は修行に専念するために経済活動に携わらず、<u>托鉢</u>によって暮らします。在家者はその托鉢に応じます。

出家者は男女別のグループごとにたくさんの<u>戒律</u>（心を律し、集団生活をまとめるための規則）を守ります。頭髪を剃って世俗の欲望を断ち、シンプルライフに努めて、瞑想を中心とする修行を続けます。

初期の出家者は定住せず、ガンジス川流域を遊行しました。雨季には一定の地にとどまる必要があり、<u>竹林 精 舎</u>、<u>祇園 精 舎</u>という定住の「修行キャンプ」が寄進によりつくられました。

初期の修行法に近いものをそのまま守っているのが、スリランカや東南アジア（ミャンマーやタイなど）の<u>テーラワーダ仏教</u>です。

3 仏を拝むことも悟りの道…大乗仏教

西暦紀元前後に新たに展開した<u>大乗仏教</u>は、民衆を救う「大きな乗り物」を自称します。そのため、自力で修行することばかりでなく、釈迦をモデルとする複数の神格化された<u>仏</u>（ブッダ、如来、複数いる）を拝むことも悟りへの道であるとしました。

ブッダ候補生としての<u>菩薩</u>という存在もまた拝まれるようになりました。菩薩は自分の悟りを目指すのみならず、他者の救いのために奔走するという大乗の修行者のモデルともなりました。拝む対象の増えた仏教は、一種の多神教のような様相を呈するようになったのです。

大乗仏教はさまざまな修行法を次々と展開し、紀元後5世紀以降は<u>密教</u>と呼ばれる呪術性の高い修行法を編み出し、12世紀以降はインドの地から姿を消しました。宗教としての

釈迦は一時厳しい苦行をして骨と皮になったが、身体を痛めつけるのは無意味だと喝破したと言われます。

発展を遂げた**ヒンドゥー教**の海に没したのです。

大乗仏教は**中国**に伝わり、経典が漢訳されてさらに**韓国**や**日本**に伝わりました。密教は**チベット**へと伝わっていきました。さらに各地でたくさんの宗派を生んで、今日に至っています。

釈迦は菩提樹の下で瞑想を続け、やがて縁起を悟って「目覚めた者」ブッダになったと言われます。

第1週
第2週
第3週

① ② ③ ❹ ⑤

重要キーワード

輪廻：迷いの中にある人間は来世に転生するという思想

解脱：迷いから脱して悟りをひらくこと

ガウタマ・シッダールタ（釈迦）：仏教の開祖。ブッダの称号を得た

大乗仏教：自力の修行だけでなく、仏を拝むことも悟りへの道とした

テーラワーダ仏教：仏教の初期の修行法に近いものを守っている

菩薩：大乗仏教において、ブッダの候補生的存在で修行者の理想像

密教：大乗仏教において発展した、呪術性の高い修行法を編み出した宗派

仏教の2大宗派

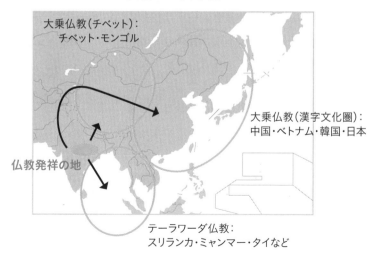

大乗仏教（チベット）：
チベット・モンゴル

大乗仏教（漢字文化圏）：
中国・ベトナム・韓国・日本

仏教発祥の地

テーラワーダ仏教：
スリランカ・ミャンマー・タイなど

釈迦の悟りは心理学にも通ずるか？

　釈迦は、変化してやまない現実を冷静に眺めることのできる自己をもつように と、弟子を指導しました。大切なのは自分の心です。ただし「これが自分だ」というこだわりをもっていては、それがまた苦痛の種となります。自分についてのこだわりそのものから自由にならなければなりません。今日伝わる坐禅は、こだわりが生じるたびに心を無にすることを繰り返します。

　これは合理的な心理学であるように私たちには感じられます。ただし注意しなければならないのは、釈迦も弟子たちも、こうした悟り（解脱）を輪廻と組み合わせて理解していたことです。

　それによれば、迷いの中にある人間はその迷いによって来世に転生し、再び迷いの暮らしを繰り返します。これに対し、悟ったブッダは輪廻しなくなり、死と同時に完全に現象界を超越するのです。

　こうした輪廻の思想は合理的な現代人には神秘的に見えます。

インド発の宗教、ヒンドゥー教との関係

　太古からインドの諸民族はさまざまな神を拝み、さまざまな生活習慣を守ってきました。祭礼を取り仕切る婆羅門と呼ばれる階級が権威をもち、身分の異なる諸集団に分かれているところ（カースト制度と呼ばれる）に特徴があります。これがヒンドゥー教（意味はインド教、インドのライフスタイル）ですが、仏教以前の古い段階のものは婆羅門教とも呼ばれます。

　釈迦は輪廻転生を信じ、解脱を目指したという点でヒンドゥー教的な世界観を前提としています。しかし釈迦は婆羅門の権威を受け入れず、伝統的な神々に救いを求めることもせず、カースト制度も無視し、心の解放のための修行にすべてを集中させました。伝統的なしきたりも、観念に走った哲学も、修行に役立たないというのが釈迦の信念でした。

　古代の一時期、仏教はインド中で流行しましたが、やがてヒンドゥー教の権威が復活し、仏教はインドの地からは姿を消しました。

仏教の歴史や教えについて、基礎知識を確認しましょう。

問 1

次は釈迦がどのような教え方をしたのかを垣間見せてくれる有名なエピソードです。

　赤ん坊を亡くしたある女が、気がふれたようになり、釈迦に赤ん坊の命を取り戻すように頼んだ。

　釈迦は、今教え諭しても聞く耳を持たないと察知し、かわりに彼女に一つのおまじないを説く。それは未だ死人を出したことのない家から芥子粒をもらい、それを煎じて与えれば子は生き返るというものであった。

　女は狂喜し、村中を訪ねまわるが、死人を出したことのない家はなかった。女は死が必然的であることをようやく悟り、自分の心を制するために釈迦の弟子となった。

❶この物語が示す、釈迦の民衆の導き方の特徴は何だと思いますか？
❷これは仏教の修行の目標が、おまじないや神頼みによって何かを実現させることではなく、別の点にあることを教えています。その要点は何ですか？

問 2

文中の空欄に適切な語を入れてください。

　仏教は紀元５世紀頃にインドの修行者である〔　❶　〕・〔　❷　〕が悟りを開いて始めた宗教である。彼は漢語では部族の名をとって〔　❸　〕と呼ばれる。また、称号として〔　❹　〕と呼ばれるが、これはインドの言葉で「目覚めた者」を意味する。

　釈迦は人々を、修行三昧の集団生活を送る〔　❺　〕と村々で日常生活

第1週　第2週　第3週
① ② ③ ④ ⑤

を送る在家者とに分け、指導にあたった。

　釈迦の死後、仏教はさまざまに発展したが、今日スリランカや東南アジア諸国に伝わる〔　❻　〕仏教は初期の教えを伝えている。のちに発展した〔　❼　〕仏教はチベットや中国、日本に伝わった。

問 1

❶ _____

_____

_____

❷ _____

_____

_____

問 2

[❶ 　　　　　　　　　　] [❷ 　　　　　　　　　　　　]

[❸ 　　　　　　　　　　] [❹ 　　　　　　　　　　　　]

[❺ 　　　　　　　　　　] [❻ 　　　　　　　　　　　　]

[❼ 　　　　　　　　　　]

教義の核心は人間の悟りと安心

仏教の教えと習慣を知る

初期仏教・テーラワーダ仏教の基本…戒律や生活指針に従う

出家者の基本的なカリキュラムは次の通りです。

第1週
第2週
第3週

① ② ③ ④ ⑤

中道（ちゅうどう）：修行の基本として、快楽と苦行の両極端を避けること。

縁起：考え方の基本として、迷いと苦の因果関係を理解すること。

四諦（したい）：4つの真理

　　苦諦：迷ったままの生は苦である。
　　集諦（じったい）：苦は強い執着から生じている。
　　滅諦：執着を滅することができる。
　　道諦：そのために八正道がある。

八正道（はっしょうどう）：8種の実践法：
　　正見・正思・正語・正業・正命・正精進・正念・正定
　　（しょうけん・しょうし・しょうご・しょうごう・しょうみょう・しょうしょうじん・しょうねん・しょうじょう）
　　（論理的であること、シンプルな生活、正しい瞑想法など）

　この四諦・八正道を今日まで実践の基本としているのが、スリランカやタイなどのテーラワーダ仏教です。テーラワーダ仏教の出家者は200以上の戒律に従って生活します。在家者としては殺生（せっしょう）するな、盗むな、妄語を語るな、邪淫に走るな、飲酒を控えよ、からなる五戒を生活指針とします。

出家者の托鉢に在家者が応じる

大乗仏教の多様性…さまざまな救済理論

　大乗仏教の特徴は、悟りや安心の境地に至るためのさまざまな修行や信仰的実践のオプションがついている点です。全体として言えば、自力の瞑想修行の他に、神話的な諸仏諸菩薩の他力の救済を願う信仰が発達しました。

大乗仏教の二つの方向性……自力修行と他力信仰

自力で心を無にする

ブッダの他力に心を預ける

　さまざまな立場の修行者がさまざまな経典を新たに編集し、さまざまな救済理論を講じました。

　般若経典は、大乗仏教の理論を完成させました。物事は因果的に相互依存しあっている、つまり縁起の関係にあるから、実体がない、つまり空だというのです。有名な般若心経はこのロジックをメモした最も短くて簡便なお経です。この空を肝に銘じて6種にまとめられた日々の実践に徹することを六波羅蜜と呼びます。

【法華信仰】

　法華経では、歴史上の釈迦の背後に、永遠の釈迦があるとし、その救済力を強調しました。中国で法華経を仏教の頂点とする宗派がスタートし、日本に受け継がれました。最澄（767-822）の天台宗や日蓮（1222-82）の日蓮宗がこの立場です。日蓮宗では「南無妙法蓮華経（私は法華経に帰依します）」という題目を唱えることをとくに重視します。

「南無妙法蓮華経」の周囲に
諸仏諸菩薩・神々の名を記し
たもの

第1週
第2週
第3週

1
2
3
4
5

【浄土信仰】

　無量寿経や阿弥陀経は、阿弥陀という名のブッダの救済力を強調しました。阿弥陀は極楽と呼ばれる浄土、一種のユートピアをもっており、信者は死後そこに生まれ変わる（往生する）ことで、来世において悟りを開く（成仏する）道が開けます。信仰を示すために念仏——「南無阿弥陀仏（私は阿弥陀仏に帰依します）」——を唱えます。この浄土信仰は中国で流行し、日本では法然（1133-1212）の浄土宗、親鸞（1173-1262）の浄土真宗、一遍（1239-89）の時宗などを生んでいます。

死者を浄土に向える阿弥陀
（知恩院「阿弥陀二十五菩薩
来迎図」）

【密教】

　インドでは大乗仏教は最終的に密教に変わりました。密教では修行者が瞑想の中で理念的なブッダと自らを合体させ（即身成仏）、そのときに得た呪術的な力で民衆に現世利益の救いを施します。加持祈祷はそのための儀式です。密教はチベットに伝わり、日本では空海（774-835）の真言宗と最澄の天台宗がこれを実践しています。

密教で用いる瞑想の諸仏一覧図・曼荼羅（東寺「両界曼荼羅図」）

【禅】

　中国ではインド式の複雑な神話や理論を切り詰め、シンプルに坐って心を無にする修行が流行しました。これが禅で、日本では栄西（1141-1215）の臨済宗、道元（1200-53）の曹洞宗などが知られています。悟りのための修行としては釈迦の手法のシンプルさを取り戻したことになりますが、さまざまな習慣が中国化されています。不立文字といって言語や文字や経典にこだわらないということも主張されています。

禅僧は、悟りの境地であろうか、しばしばひょうひょうとした絵を描く（仙厓「指月布袋画賛」）

ここに注目！ ブッダと菩薩の増殖

　大乗仏教では、悟った釈迦をモデルとしたさまざまな神話的なブッダ（仏、如来）と王子時代や前世の釈迦をモデルとしたさまざまな神話的な菩薩を拝みます。

　釈迦は前世において民衆を救うためにさまざまな救済を行ったという伝承があるので、大乗仏教の実践者はこれにならって自らも菩薩として民衆の救いに尽力しようと考えました。

釈迦牟尼如来

阿弥陀如来

大日如来

弥勒菩薩

観音菩薩

地蔵菩薩

重要キーワード

四諦・八正道：初期仏教の４つの心理・８種の実践法

自力：修行者自身の力

他力：仏・菩薩から信者に働きかける超越的な力

般若経典：大乗仏教の「空」の教えを説く経典

縁起：物事は因果的に相互依存しているという考え方

六波羅蜜：大乗仏教の６種の修行（の徳目）

仏教の徹底的な修行や信仰による救済のロジックは、東アジア諸国に広まって受容されました。一神教では「唯一の神」の信仰が広まることによって、各地の多神教の神が「迷信」として、あるいは「邪神」として排斥されました。仏教は神ではなく人間の悟りや安心を中心とする宗教なので、神々や霊についてはとくに排斥しません。それどころか仏教自らもさまざまな神話的ブッダや菩薩を生み出して一種の多神教と化しています。

そのため、アジア各地では、地元の宗教と外来の仏教が並行して信仰されたり、融合したりしました。たとえばタイでは仏教の他に、地元の精霊信仰がふつうに行われています。

中国には紀元1千年紀を通じてインドから仏教のさまざまな実践や経典が続々と伝わってきましたが、その以前に、孔子（前551-479年、つまりほぼ釈迦の同時代人）が始めた儒教という伝統がありました。さらに民間の神々や仙人の信仰をまとめた道教も次第に発達してきました。というわけで、中国では、儒教、道教、仏教が同時並行的に信仰されるのがふつうとなっています（儒教と道教については、次の第2週第5日をご覧ください）。

日本では、大和朝廷ならびに律令国家が中国の文物を盛んに輸入しました。その中には儒教、道教、仏教が入っていました。とくに精緻な救済理論をもつ仏教は大々的に研究され、日本の主流の宗教として定着しました。日本固有の神々の信仰はやがて仏教理論などの手助けを得て、一個の宗教——神道——として自立していきます。

江戸時代まで仏教と神道は混然としていたのですが、明治以降、それぞれ独立の宗教と認定され、したがって日本人の宗教は仏教と神道の二本立てということになりました（神道については、第2週第5日をご覧ください）。

仏教の教えの理論はさまざまです。
語句を中心に整理しましょう。

問 3

釈迦は快楽に走ることも、その反対に苦行に走ることも、正しい悟りに結びつかないとしました。両極端に走らず、現実を見つめるそうした姿勢のことを何と呼びますか？ 漢字2文字で答えてください。

問 4

キリスト教は死後の信仰から呪術的な信仰までさまざまなものを含んでいますが、仏教もまたさまざまな要素を含んで「宗教のデパート」のようになっています。さて、ここで問題です。

❶たとえばキリストは病気治しをしたと伝えられていますが、密教でもやはり無病息災を願って加持祈祷をします。密教を行う日本の2つの宗派とそれぞれの開祖の名前を書いてください。

❷キリスト教には死後に神のもとに向かうという信仰がありますが、浄土信仰でも死後に仏の浄土に向かうことを願います。その仏の名前と、救いの鍵となる念仏の文句を書いてください。

❸キリスト教では聖書、イスラム教ではコーランをたいへん大事に扱います。仏教でも経典を仏の言葉として特別扱いします。日本の日蓮宗で尊崇する経典の名前と、それへの帰依を唱える文句（題目）を書いてください。

❹キリスト教の修道士は、労働したり、心で祈る瞑想をしたりしますが、禅の修行者も労働と心を無にする瞑想を繰り返します。坐って行うそのような行を何と呼びますか？ また、言葉や文字、つまり概念に頼らないということを意味する禅の言葉（漢字4文字）は何ですか？

問 4

❶ 　宗派〔　　　　　　　　〕　　その開祖〔　　　　　　　　　〕
　　宗派〔　　　　　　　　〕　　その開祖〔　　　　　　　　　〕

❷ 　仏の名〔　　　　　　　　　　　〕
　　その仏への帰依の文句〔　　　　　　　　　　〕

❸ 　経典の名〔　　　　　　　　　　〕
　　その経典への帰依の文句〔　　　　　　　　　　〕

❹ 　行（修行法）の呼び名〔　　　　　　　　　　〕
　　この宗派で説かれる四字熟語〔　　　　　　　　　　　〕

世界をよみとく４つの宗教 ------ 《仏教》知っているようで知らない日本の主流の宗教を学ぶ

テスト の 解答例

問 1

❶教える相手の状況や能力に合わせた導き方をする。

❷おまじないや神頼みによる実現ではなく、無理な欲望を抱いてしまう心そのものを制御すること。

ポイント ▶ なお、一般の民衆は病気治しなどを求めているので、そうした現世利益にもやがて仏教は応えるようになりました。しかしその場合でも、大事なのはあくまでも欲望を離れた悟りを得ることであるとされます。

問 2

仏教は紀元5世紀頃にインドの修行者である〔❶ガウタマ〕・〔❷シッダールタ〕が悟りを開いて始めた宗教である。彼は漢語では部族の名をとって〔❸釈迦〕と呼ばれる。また、称号として〔❹ブッダ（仏陀）〕と呼ばれるが、これはインドの言葉で「目覚めた者」を意味する。釈迦は人々を、修行三昧の集団生活を送る〔❺出家者〕と村々で日常生活を送る在家者とに分け、指導にあたった。釈迦の死後、仏教はさまざまに発展したが、今日スリランカや東南アジア諸国に伝わる〔❻テーラワーダ〕仏教は初期の教えを伝えている。のちに発展した〔❼大乗〕仏教はチベットや中国、日本に伝わった。

問 3

中道　**ポイント** ▶ 単に2つのものを足して2で割った中間という意味ではなく、両極端に向かう妄想を離れて、現実そのものを観察することを仏教では強調します。

問 4

❶宗派名と開祖：天台宗と最澄；真言宗と空海　**ポイント** ▶ 空海の真言宗は密教中心の宗派ですが、最澄の天台宗は法華経の信仰と密教とを併せ持っています。

❷仏の名：阿弥陀仏　帰依の文句：南無阿弥陀仏　**ポイント** ▶ 日本の宗派としては、法然の浄土宗、親鸞の浄土真宗、一遍の時宗などがあります。

❸経典の名：法華経　帰依の文句：南無妙法蓮華経　**ポイント** ▶ 日蓮宗ではとくに「南無妙法蓮華経」という題目を唱えることを非常に重視しています。

❹行の呼び名：坐禅　四字熟語：不立文字　**ポイント** ▶ 日本の宗派としては、栄西の臨済宗、道元の曹洞宗などがあります。

---　❖　---

仏教は日本人になじみがある一方で、詳しい教えを知らない人が多いのも事実！　教えは宗派によって違いますが、悟りや安心を求めるという点では同じです。一神教は神の宗教、仏教は悟りの宗教と要約できます！

---　❖　---

第 **5** 日

さまざまな宗教の
概要を学ぶ

ヒンドゥー教、儒教、道教、神道、
ゾロアスター教、新宗教など

まだまだある世界の宗教

アジアを中心に広がる宗教の要点をおさえる

　これまで３種の一神教と仏教を見てきましたが、世界にはまだまだたくさんの宗教があります。ここでざっと見ていきましょう。

1 多神教で解脱を目指す「ヒンドゥー教」

　ヒンドゥー教とはインド各地のさまざまな宗教的慣行をひっくるめた呼称です。ヒンドゥー教は多神教で、多くの神々がおり、地域によって信仰形態も異なります。

　最も人気が高い神はヴィシュヌとシヴァという２柱の男神です。男神の妃たちは、夫のパワーを象徴する存在です。女神の霊的なエネルギーに対する信仰も幅広く行われています。

　伝統的なヒンドゥー教では、さまざまな身分秩序ごとに自分の職分を果たすことが規範──ダルマ──とされます。そのうえで神々への熱い信仰（バクティ）や身体行・瞑想行（ヨーガ）を通じて解脱をめざすのが理想となっています。死生観は輪廻転生です。

第1週
第2週
第3週

① ② ③ ④ ⑤

左からヴィシュヌ神の化身のひとつである人気の高いクリシュナ、踊って宇宙のリズムを繰り出すシヴァ、
魔物のような風貌の女神ドゥルガー、象の頭をもつ商売・学問の神ガネーシャ

2 中国の倫理面を支える「儒教」、現世利益面を支える「道教」

　儒教は太古からの祖先祭祀を倫理的に組織した儀礼中心の宗教です。開祖である孔子（前551年 - 前479年）が仁（思いやり）や礼（謹んで事を行うこと）などの倫理的目標を提示しました。孟子の説く五倫──父子の親（父と息子の親愛）、君臣の義（指導者と部下の間の道義）、夫婦の別（男女の区別）、長幼の序（年長者と年少者の順序）、朋友の信（友人どうしの信義）が儒教の古典的理想として知られています。

　儒教が中国人の生活のパブリックな側面を仕切るのに対し、その裏面における除災招福の現世利益的側面をカバーするのが道教です。土着の神々や仙人の信仰、不老長寿を求めるさまざまな呪術的技法から成り、哲学的には老子や荘子の説く無為自然の道を理想としました。

山水画には自然の気（神秘力）に一致して暮らそうという道教的理想がうかがわれます。
竜脈というエネルギーの通路を制御する呪術的技法が風水です。

　世界を陰と陽の２つの状態の混合として読み解く易の思想などもあり、儒教や道教とも絡んで全体として「中国思想」の世界をつくっています。さらにこれに外来の仏教の修行的伝統が加わりました。それらの宗教は対立することもありましたが、だいたいにおいて混ざり合うことになり、現在に至っています。

3 日本の土着の神々を信仰する「神道」

日本列島の土着の神々の信仰を組織化したのが**神道**です。**カミ**とは、自然や人間における何かパワーの強い存在を表わす言葉です。森林に棲む獣や精霊としても、雷としても、天皇のような特別な人間としても、カミは現れます。

『**日本書紀**』『**古事記**』といった神話・歴史の本に示された**アマテラス**（太陽神）、**オホクニヌシ**（国土を育む神）などが各地の**神社**で祀られています（神道の神については第1週第2日で学習しました）。

江戸時代までは仏教と神道は混然一体となっており、寺（仏教の修行施設）と神社（神道の礼拝所）がセットになることも多かったのですが、**明治政府**は2つの伝統の分離を推し進め、神道を国民国家の精神的支柱として特別扱いしました（終戦まで）。

神道は家々の**屋敷神**の信仰、村の**鎮守**の信仰にはじまり最上部のアマテラスを祀る**伊勢神宮**の信仰や、**天皇家**の祭祀まで、さまざまな段階の信仰や儀礼で成り立っています。仏教が個人の修行にかかわり神道が共同体の祭りにかかわるという、なんとなくの分業が成り立っています。葬式に関しては圧倒的に仏教式が多いようです。

日本各地の神社には独自の祭りがあり、神輿をかつぐなどの行事が盛んに行なわれています。

4 現代アジアの諸宗教

ゾロアスター教は、紀元前のザラスシュトラ（ゾロアスター）というペルシアの神官が組織した宗教で、世界を善神と悪霊の戦いの場と見るという善悪二元論的な考え方で知られます。火を神聖視するので拝火教とも呼ばれています。古代にはペルシアの国教になるなど勢力があったのですが、現代ではインドのムンバイなどでパールシー教徒（ペルシアという意味）という少数集団となっています。

インドのジャイナ教は釈迦の同時代人であるヴァルダマーナ（マハーヴィーラ）を開祖とする修行の宗教です。仏教によく似ていますが、戒律が厳しく、とくに不殺生を厳格に守るので、虫を殺しかねない農業に従事せず、商業で暮らしている人が多いようです。

おかげで少数派ながら有力な宗教として知られています。

16世紀のインドに生まれたシク教（開祖はナーナク）はヒンドゥー教の改革派として始まったものですが、イスラム教式に神を唯一とする一方で輪廻転生を信じています。

インドや欧米で見かけるターバン姿の男性はシク教徒かもしれません。

ここに 注目！ 民衆のネットワークとして増加した新宗教

19世紀の米国ではモルモン教（末日聖徒イエス・キリスト教会）やエホバの証人が誕生しました。これらは通常キリスト教系の新宗教として数えられています。

日本では幕末から昭和にかけて、「新宗教」教団がたくさん生まれました。神道系の天理教や大本、仏教系の霊友会や創価学会などです。背景としては、急速な近代化による伝統社会の変容の中で、民衆になじんだ宗教的価値観にそって互助のネットワークを展開する教団が有難かったということが挙げられます。組織は新しいとしても、伝統的な民衆的神道ないし仏教の価値観からそれほど変わっていない場合も多いということに注意しましょう。

アジアの宗教について知識を整理しましょう。

問 1

文中の空欄に適切な語を入れてください。

　インド生まれの宗教は、ともに大宗教である〔　❶　〕や仏教のみならず、釈迦の同時代人であるヴァルダマーナを開祖とする〔　❷　〕や16世紀のナーナクを開祖とする〔　❸　〕も、〔　❹　〕転生の思想をもっている。

　中国生まれの宗教としては、釈迦に近い時代の思想家である〔　❺　〕の教えに基づき中国人のパブリックな生活様式の根幹をなすようになった儒教や、神々に除災招福を願い、不老長寿を目指す〔　❻　〕がある。

　日本の宗教はふつう、外来の仏教と土着の神々の信仰を組織した〔　❼　〕の2本立てと捉えられている。幕末・明治以降に生まれた民衆の教団についてはまとめて新宗教と呼ばれている。

問 2

次は『古事記』『日本書紀』の時代からよく知られた重要な神社の写真です。上はオホクニヌシ（大国主）を祭神とする、日本海側にある神社です。下は皇室の祖先神とされるアマテラス（天照大神）とトヨウケビメ（豊受大神）を祭神としています。下は20年に一度の式年遷宮（定期的な建て替え）でもよく知られています。それぞれの神社の名前は何か分かりますか。自分なりに調べてみましょう。

Photo by Saigen Jiro"Haiden of Izumo-taisha-1"(2016)

©共同通信社/amanaimages

[❶   ] [❷   ]

[❸   ] [❹   ]

[❺   ] [❻   ]

[❼   ]

問 2

上 [   ]

下 [   ]

世界をよみとく４つの宗教 ------ さまざまな宗教の概要を学ぶ

宗教の歴史の大局をつかむ

歴史から整理して復習しよう

　第２週では個々の宗教の歴史を学びましたが、宗教の歴史についてはより大きな視点で眺めることも大事です。

　仏教やキリスト教といった古典的な宗教は、たしかに古い歴史を有しているとはいえ、長い人類史の中では比較的最近のことに属します。数十万年の間、人類がどのような宗教をもっていたのか、正確には分かりませんが、「神」や「悟り」といった概念をぜんぜん持っていなかった時期が大半であることは確実です。

　では、改めて、宗教史のおおまかな流れを確認しておくことにしましょう。霊や神々については第１週第２日に学習しています。ここでもう一度歴史的な視点で整理していくことにします。

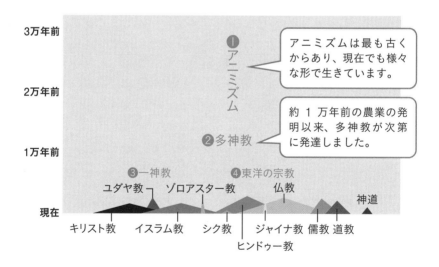

1 目に見えぬ力を信じる「神」以前の宗教
…アニミズムと呪術

　言語を覚えて以来、人類はさまざまなフィクションを語ってきたでしょう

が、それは「神」の物語というよりも、もっとはっきりしない目に見えぬものの働きについての物語だったと思われます。今日でも「神」の概念をもたない民族はいます。彼らはむしろ自然の力のようなもの、あるいは何らかの生命力や意志の働きのようなもの——つまり霊、霊魂——について語ります。いわゆる**アニミズム**です。霊には動物などの霊や死者の霊などが含まれます。

　人間は「何かが起これば何かが起こる」という因果関係を推理する知能をもった動物ですので、（間違った推理に基づく技術としての）**呪術**というものも古くからあったことでしょう。たとえば雷鳴のようなうるさい音をたてれば雨を降らせることができるといったふうに。霊が憑いたり霊を飛ばしたりして呪術を行う専門家としての**シャマン**というのも古くから存在していたかもしれません。

2　人間社会が投影された神々の階級社会…多神教

　約1万年前からの農業の発達は定住生活を促しました。巨大化した社会の格差は広がり、強い王権が誕生しました。擬人化の度合いを増した霊的存在としての神々もまた、一方では火や雨や山や天体といった自然物と結びつきながら、他方では異次元界の王侯貴族のような姿をもつようになります。

　多神教の神々は、農耕神、軍神、都市国家の守護神、医神といったふうに**特定の機能**をもつ者と想像されることもありますが、役割分担はしばしば曖昧です。ある土地で生まれた神が別の土地で生まれた神と同一とされることもあります。というわけで、役割ごと、地域ごと、部族や民族ごとにたくさんの神が数えられるわけです。

ギリシア多神教のオリュンポスの神々はよく知られています。

3 世界全体に君臨する絶対者としての神…一神教

　神々はいずれもその信者にとっては絶対の君主であるかのようにして拝まれる傾向があります。そして実際、神を唯一絶対の存在に高めようという動きが現われました。**エジプト**のある王が１体の太陽神だけを拝むように布告を出したことがあります（これは失敗しました）。**ペルシア**のゾロアスターは神々を整理して１柱の善神（と１体の悪霊）だけの体系を造りました。最も成功したのは、民族の神ヤハウェを天地創造の唯一神と解釈した**ユダヤ人**の試みでした。今日のキリスト教やイスラム教の原型となる一神教モデルがユダヤ教に発するものであることはすでに説明しました。

　一神教は決して論理的に構築されたものではありません。イスラエル人（ユダヤ人）というローカルな民族の奉じていたさまざまな偏向のある神を「唯一絶対」だと宣言することで造り上げたものです。しかし「唯一絶対」の神を人間が想像するようになったからといって、そのような神が実際に存在しているとは限りません。神の概念をめぐる問題については、第３週第１日で少し詳しく取り上げます。

4 真理のために修行し、悟りをひらく…東洋の宗教

　インドや**中国**も歴史の古い大文明ですが、中東に起きたような多神教から一神教への「進化」のようなものは起きませんでした。こちらで起きた「進化」は少し違った形をとっています。宇宙には何らかの法則のようなものがあり、人間はそれを悟ったり身につけたりすればいいというロジックです。たとえば**儒教**では孔子に従って倫理的に生きる道を探ります。**仏教**では釈迦に従って自己制御の道を究めます。多神教の神は排除されません。神々もまた人間とともに**修行**と**悟り**の道を歩むのです。

　言い換えれば、一神教の究極的な存在（神）が人格的であるのに対して、東洋宗教の究極的な真理（道や法）は非人格的なものです。

　神の数が多いことで一神教の立場からは「レベルの低い宗教」と見られがちですが、進化の方向性が違うのだから、どちらが上とか下とかという問題ではありません。

一神教の中の多神教的な要素

　一神教は多神教を退けましたが、その内部に多神教あるいはアニミズムの要素を取り込んでいます。たとえばユダヤ教でもキリスト教でもイスラム教でも天使の存在が認められています。これは神の伝令のような役割を果たす霊的存在です。キリスト教でいう聖霊もまた、もともとはアニミズム的な生命力や霊力のようなものでした。

　キリスト教は、父、子（キリスト）、聖霊という神の３つの姿を認める三位一体という教義をもっていますが、これは一神教と多神教を結ぶようなロジックです。また、大勢の聖人を認定しており、それはあたかも下級の神霊のように、神と人間との仲立ちをする存在とされています。一神教の建前のもとで多神教的な信仰が行われているわけです。

　このように、宗教はより古い段階の信仰の様相を包含することで成り立っているのがふつうです。仏教もまた、悟りに主眼を置く宗教でありながら、神話的なブッダや菩薩を増殖させて自ら多神教化しています。

キリスト教の天界は無数の天使や聖人に満ちており、ほとんど多神教的な構造を示しています。
©Alamy Stock Photo/amanaimages

世界をよみとく４つの宗教 ‥‥‥ さまざまな宗教の概要を学ぶ・

宗教全体の歴史について復習しましょう。

問 3

あなたがもし「世界で最も古い宗教は何ですか？　仏教ですか、キリスト教ですか？」と聞かれたら、どのように答えますか？

信仰の立場ではなく、宗教の歴史をふりかえりながら答えてください。

問 4

あなたがもし「一神教は古い多神教を乗り越えて誕生したと聞いています。インドや中国や日本の宗教は未だに多神教だから遅れているということですか？」と聞かれたら、どのように答えますか？

信仰の立場ではなく、現実の歴史を踏まえた立場で自分の考えをまとめてください。

問 5

次の地図は古典的な大宗教のおおまかな分布を示しています。A〜Dのそれぞれにあてはまる宗教はなんでしょうか。（Dにはさらに複数の宗教が重なっていますが、Dの全域に広がっているものを書いてください）＊。

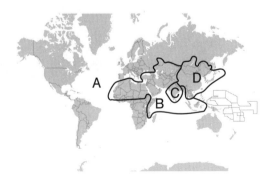

＊D地域に限らず、世界中でさまざまなマイナーな宗教や民間信仰が多重的に実践されています。たとえばアフリカではさまざまな民族的・部族的宗教や宗教的習慣が行われています。

第1週　第2週　第3週
1
2
3
4
5

問 3

問 4

問 5

[A   ] [B   ]

[C   ] [D   ]

問 1

インド生まれの宗教は、ともに大宗教である〔❶ヒンドゥー教〕や仏教のみならず、釈迦の同時代人であるヴァルダマーナを開祖とする〔❷ジャイナ教〕や16世紀のナーナクを開祖とする〔❸シク教〕も、〔❹輪廻〕転生の思想をもっている。中国生まれの宗教としては、釈迦に近い時代の思想家である〔❺孔子〕の教えに基づき中国人のパブリックな生活様式の根幹をなすようになった儒教や、神々に招福除災を願い、不老長寿を目指す〔❻道教〕がある。日本の宗教はふつう、外来の仏教と土着の神々の信仰を組織した〔❼神道〕の2本立てと捉えられている。幕末・明治以降に生まれた民衆の教団についてはまとめて新宗教と呼ばれている。

問 2

上：**出雲大社**　ポイント ▶ 島根県出雲市。『古事記』神話に出てくるオホクニヌシ(大国主)を祀っています。

下：**伊勢神宮**　ポイント ▶ 三重県伊勢市。内宮・外宮よりなり、内宮では皇室の祖先神とされる太陽の女神アマテラス（天照大神）を、外宮では食物や穀物の女神トヨウケビメ（豊受大神）を祀っています。

問 3

古典的宗教としては、紀元前からあるユダヤ教や仏教などが古く、キリスト教やイスラム教などはそれより新しい。しかし、それらの宗教よりもさらに古くからさまざまな多神教があった。最古の宗教形態は霊魂を信じるアニミズムやさまざまな呪術であったと推定されている。

問 4

中東では多神教から一神教に信仰が移っていったが、インドや中国や日本では多神教のまま、法則や修行や悟りに主眼を置く宗教へと発展していった。それぞれなりの進化なのであり、どちらが進んでいるとか遅れているとか一概に言えないだろう。

問 5

A キリスト教　B イスラム教　C ヒンドゥー教　D 仏教　ポイント ▶ 左(西)からキ・イ・ヒ・仏と並ぶので「紀伊の秘仏」と覚えると便利です。なお、東アジア・東南アジアの仏教地域のうち、中国や韓国には儒教・道教が、日本には神道がさらに分布しています。

❖

第2週のさまざまな宗教の旅はいかがでしたか？

固有名詞が多く、まるで地理や歴史の勉強のようだと思われたことでしょう。実際、宗教の理解においては地理や歴史の知識が大切です！

❖

第 **3** 週

宗教とさまざまな分野との
かかわり

現代の社会課題へのヒント

❧

第 ① 日

宗教と哲学

第 ② 日

宗教と科学

第 ③ 日

宗教と政治

第 ④ 日

宗教と経済

第 ⑤ 日

宗教学の方法・まとめ

宗教は、思想であり、知識であり、

社会的習慣であり、生活を支える活動です。

つまり、宗教は哲学とも、科学とも、政治とも、経済とも、

重なったり競合したりするところをもつ文化なのです。

第3週では、宗教と哲学、宗教と科学、宗教と政治、

宗教と経済の関係を少し深く掘り下げようと思います。

そして最後の日の講義

──レクチャー全体の15日目の講義──において、

人類学や社会学や心理学といった学問からの

宗教学・宗教研究への貢献の歴史をざっと眺めて、

全体のまとめとします。

宗教とさまざまな分野のかかわりを学ぶことで、

宗教学が私たちのかかえる課題の

ヒントになりうることが分かるはずです。

宗教と哲学

神学、東洋思想、神の存在

宗教と哲学の複雑な関係

ときに対立し、ときに交わる

宗教は全身的・共同体的／哲学は頭脳的・個人的

宗教はふつう儀礼や習慣を含むライフスタイルの全体を意味します。頭で考えたものとしての思想は、全身の営みである宗教の一部分です。しかも、伝統的な宗教は、民衆的な共同体の営みです。

これに対して、哲学というのは、ふつう頭脳の営為を指します。知的労働の専門家である1人の人物が個人的に徹底的に考えた結果を世に問う、というものです。

| 宗教 | 全身的（儀礼、習慣、思想……） | 共同体的（民衆的） |
| 哲学 | 頭脳的（思想） | 個人的 |

もちろん頭脳的・個人的に突出した宗教家もいます。宗教と哲学の区別は決して絶対的なものではありません。

しかし、宗教という概念と哲学という概念には上の表にまとめたような力点の違いがあることは理解しておいたほうがいいでしょう。

西洋と東洋で異なる関係性

宗教と哲学の対比がはっきりしているのは、西洋においてです。西洋では古代ギリシア生まれの哲学の伝統と、古代中東生まれの宗教の伝統が緊張関係にあります。哲学は人間の理性に従い、宗教すなわちキリスト教は神の啓示や教会の権威を重んじます。

中世には哲学は宗教に従属していましたが、近代以降は宗教の制約を離れて、哲学者は自由に議論を展開するようになりました。宗教の権威は事実上後退しました。

哲学と宗教の対立は、東洋でははっきりしません。インド思想も中国思想

も、一神教文化のように神（絶対者）と人間とを対立的に捉えませんので、前者に由来する宗教と後者に由来する哲学とを対比することがないのが、その理由の一つです。

「仏教哲学」という言い方も普通に使われますし、儒教そのものが儒学という哲学的思想として理解されることもあります。

「神」をめぐる哲学的トピック

ユダヤ教、キリスト教、イスラム教といった一神教では、唯一の神の概念が最も重要です。

一般に神は全知全能にして完全に善なる存在とされます。また、世界そのものの創造者です。人間に啓示を与え、奇跡を起こし、道徳的な審判を行います。

これだけ多能な存在を前提として宗教が営まれ、神学が論じられるのですが、逆に俗世の哲学としては、そんな存在が果たして本当に実在するのかを疑うことができます。一般的に、次のような点が問題になるでしょう。

【神の概念】
全知全能の存在が実在し得るのか？

【神と世界】
神が世界を創造したとはどういう意味か？
善なる神が創造した世界にはなぜ悪があるのか？

【神と教団】

なぜ特定の集団のみに信仰されるのか？

なぜ特定の文書が特別扱いされ、それに従うのか？

旧約聖書 or 新約聖書 or コーラン

【神と個人】

全能の神に造られた個人に自由意志はあるのか？

個人的体験（奇跡や祈り）に意味はあるのか？

「悟り」をめぐる哲学的トピック

伝統的に仏教思想にとって重要なのは、神仏の存在それ自体よりも、人間をいかに悟りや安心立命の境地に導くかでした。

【無我、空】

仏教の悟りはさまざまに論理化されてきました。基本となるのは「物事に実体はない」という洞察です。「無我」という言葉も「空」という言葉もこの洞察を意味しています。実体がないのに実体だと思ってこだわり続けるのが、人間の迷いである。この迷いを抜け出すのが悟りだ、というのです。

【縁起】

仏教では物事と物事との関係に注意を向けます。迷いが原因となって苦が生ずるといった因果関係の場合と、私のあり方とあなたのあり方が互いに関係しているという相互依存的な関係の場合があります。いずれも縁起と呼びます。

物事 （物理的・ 精神的現象）	→ 実体と思って囚われる → 迷い → 実体ではなく空と知る → 悟り

　もちろん、こうした仏教思想（仏教哲学）に対しても、現代の哲学や科学の立場から疑問を投げかけることが可能です。

　たとえば、師が弟子の悟りを認めるというとき、その判断基準は何なのか？　どうして断言できるのか？

　空や縁起という伝統的概念は、どこまで批判に耐えるものなのか？

【輪廻】

　さらに、インド思想に共通する前提として輪廻という世界観があります。輪廻とは衆生（あらゆる動物）が次々と転生を繰り返していくことです。そして迷いをもつ我々衆生は輪廻を続けるのに対し、究極的に悟ったブッダのような者は輪廻から離れる（解脱する）とされます。こうした世界観の妥当性が哲学的には問題となるでしょう。

ここに注目！ 人間存在の限界の考察が宗教や哲学を生んだ

　哲学者のカール・ヤスパース（1883-1969）は古代の一時期に、その後の文明にとって決定的に重要な哲人や思想家が輩出したことに注目し、それを軸の時代（the Axel Age）と名づけました。孔子や老子、釈迦、ゾロアスター、イスラエルの預言者、ギリシアの哲学者など、紀元前800年〜200年頃の思想家たちの思考が、後の中国文明、インド文明、一神教文明を決定づけたのは確かでしょう。

　これらの知識人は部族社会の思考を打ち破り、人間存在の限界を考察し、超越的な存在や原理を見出しました。これは宗教と哲学が淵源を共有していることを暗示しています。

軸の時代（前800年〜前200年頃）

第1週
第2週
第3週
①
②
③
④
⑤

> **神をめぐるさまざまな思想的立場を整理しておこう**
>
> **有神論 theism**：（一神教あるいは多神教の）神の存在を肯定する立場
>
> 　一神教 monotheism　神を唯一の存在とする立場
>
> 　多神教 polytheism　神を複数認める立場
>
> **理神論 deism**：神は創造後の宇宙に干渉しないという立場。近代西洋の哲学者や科学者に多かった
>
> **無神論 atheism**：神など超自然的な存在を一切認めない立場
>
> **汎神論 pantheism**：神を宇宙や自然や自然法則と同一視する立場。東洋思想に近いともされる

ここに注目！ ソクラテスの「無知の知」

　哲学は philosophy の訳語ですが、この語は古代ギリシアのピロソピア（知恵を愛すること）に由来します。哲学の祖として有名なソクラテス（前469?-399）は愛知者でしたが、彼には宗教的な側面がありました。常に個人的なダイモン（霊）からの警告に注意しながら暮らしていたとソクラテス自身が打ち明けています。

　彼に傾倒したある人物がアポロン神の巫女から「ソクラテス以上の賢者はない」という神託を受けたのですが、ソクラテスはこの言葉の真意を明らかにするためにギリシア中の賢者と対話を重ねたといわれます。

　結局、魂の修行という重大案件に関して我々が無知であることを自覚していたのは自分だけかもしれぬと悟り、この「無知の知」のぶんだけ自分は他の賢者よりも賢いのかもしれぬと結論を出したのでした。

哲学の出発点においては、宗教と哲学が交錯していたことをうかがわせる興味深いエピソードです。

ソクラテスを敬愛する哲学者プラトンが著作『ソクラテスの弁明』や『パイドン』に描くソクラテスの宗教的側面

ソクラテスはアポロン神の神託の真意を明かすために哲学問答を重ねた。

ソクラテスはしばしば神霊が彼の行動を制止する予告の声を聞いていた。

ソクラテスはアテネ市民の反感を勝って死刑となったが、魂を永遠なるものと見るソクラテスは迷わず死刑の毒杯を仰いだ。ソクラテスは哲学を「死を迎える練習」と考えていた。

宗教の矛盾を指摘する次の文章を読み、宗教を批判的に考えてみましょう。

　忠実な信者たちは、神が本当に存在するかどうか訊かれると、得体の知れない宇宙の神秘や人間の理解の限界について話し始めることが多い。「科学にはビッグバンは説明できません」と彼らは声高に言う。「ですから、神のなさったことに違いありません」と。

　とはいえ、気づかれないうちにトランプのカードをすり替えて観客の目を欺く手品師さながら、信者はたちまち、宇宙の神秘を世俗的な立法者にすり替える。宇宙の未知の秘密に「神」という名を与えてから、このすり替えを使って、どういうわけかビキニや離婚を非難する。「私たちはビッグバンが理解できません。したがって、人前では髪を覆い、同性婚には反対票を投じなければいけません」と言う。

　両者には何の論理的つながりもないだけではなく、じつは両者は矛盾してさえいる。宇宙の神秘が深いほど、何であれその原因となる存在が、女性の服装規定や人間の性行動など気にする可能性は低くなる。

（ユヴァル・ノア・ハラリ『21 LESSONS』、柴田裕之訳、河出書房新社、258-259 ページ）

問 1

ここには神の2種の概念が書かれています。それぞれどのような概念ですか？　キーワードを抜き出しながら自分なりの言葉でまとめてください。

問 2

ハラリが念頭においているのはユダヤ教やキリスト教やイスラム教の保守的信者の信念だと思われますが、宗教の異なる日本では、ハラリが指摘しているような矛盾はあるのでしょうか？　具体例をまじえながら考えてみましょう。

問 1

問 2

宗教とさまざまな分野とのかかわり ------ 宗教と哲学

神は実在するのか?

宗教を哲学的に考える①

聖アンセルムスの推論…神の定義からして実在は明らか?

　中世の聖アンセルムスは、神という概念そのものから神の存在が自動的に論証できると考えました。いったいどういうことでしょうか?

　——神はその定義から言って「それより偉大なものは考えられないような存在」です。その神は「ただ人間が思いついただけのもの」か? あるいは「実際に存在するもの」か? 前者より後者のほうが「偉大」ですね。

　だとしたら、「偉大」という神の定義から言って、神は「実際に存在するもの」だということになります。

　おやおや、頭の中の思考操作だけで、神の存在が証明できてしまった。なんだか騙されたような感じがします。どうでしょうか?

頭の中で考えただけの偉大な存在	より偉大!	世界に実在する偉大な存在

頭の中であれ、実在であれ 「存在すること」は定義に含まれない

　近代の哲学者カントは、この議論の間違いを指摘しました。

　——神は「全知全能」「この上なく偉大」といったような、あれこれの属性によって定義されます。アンセルムスの議論では、「存在すること」そのものがその属性の中に入っていることになります。しかし存在は属性でしょうか?

　いや、そうではありません。「これこれ」と定義される概念が、現実の世界と対応しているということを我々が存在と呼んでいるだけなのです。存在は属性ではありません。だから神の概念の中に「存在すること」を入れるのは間違いなのです。

神は宇宙の設計者?

生物進化論が疑問符をつける神の存在

　家々を訪問して信仰を勧誘するキリスト教系の教団は、しばしば、生物の生態など、自然界の見事な秩序を示す写真などを見せて、「これが偶然に生まれたとは考えられないでしょう。誰か設計者がいるにちがいありません」というふうに話を進めます。その設計者とは「神」を意味しています。

　このタイプの「神の存在証明」は説得的でしょうか?

　たしかにまるで設計者がいるかのように見えるものが自然界にはあります。ダーウィンの生物進化論は、設計者がいるかに見える生物の仕組みが、自然から——それこそ自然に——生み出されるからくりを説明するものです。

> ### ダーウィンの生物進化論
>
> 　遺伝子の突然変異のうちのあるものがその生物の繁殖にとって有利に働くことで、次の世代に受け継がれます。その生物にとって単に便利であった機能が、やがて環境の変化によって欠かせないものに変わります。そんな不可欠な器官が幾重にも重なってできた生物のからだを現在の私たちが眺めるとき、あたかも設計されたかのような印象を受けるのです。

　このように、進化論の説明は、科学の説明であると同時に、「計画」や「目的」とは何かという、哲学的な論考としての性格ももっています。

自然界の見事な秩序 →	設計者=神の作品?
	自然界のプロセスが年月をかけて生み出した結果?

> 人々はしばしば「見事な秩序は偶然ではありえないから神のしわざだ」と考えます。しかし自然界のプロセスの結果と考えることが可能なのです。

私の中の「何」が輪廻転生するか?

宗教を哲学的に考える③

身体か、記憶か、意識か

　仏教やヒンドゥー教などのインド宗教では、伝統的に、衆生（あらゆる動物）が転生を続けると考えます。輪廻思想です。

　私という個人の中の何が転生するのでしょうか?

　私という生物的身体でしょうか?　しかし身体の組織は死とともに崩壊し、構成する物質はばらばらになります。同じ遺伝子をもつ身体が再び現れても、双子の場合と同様、同一人物にはなりません。

　私の記憶が転生するのでしょうか?　しかし脳が入れ替わるのに、その脳のパターンに埋め込まれた記憶が完全に移行するとは考えにくいですね。「前世の記憶」をもつ子供の話はよくありますが、きちんと証明されたものはありません。

　「これは私だ」という意識が転生するのでしょうか?　確かに物質的な宇宙に意識という精神的次元があるのは不思議ですが、その意識が個人の持ち物として身体を渡り歩くというのはもっと不思議ではないでしょうか?

輪廻は神話?

　仏教では民衆教化のためにさまざまな説話を説きますが、その中には前世からの因縁の話などがあります。開祖の釈迦についても、長い前世で徳を積んだのでようやくこのたびの人生で悟ってブッダになることができたというふうにいわれてきました。これはもう哲学や思想というより、おとぎ噺や超常現象の類です。宗教につきものの奇跡譚などと同様の神話と捉えるべきだという立場もあり得るのです。

信仰や悟りとは何か?

宗教を哲学的に考える④

個人的体験は宗教を正当化するか?

　個人が修行をして「悟った」とします。その悟りは誰か他の人と同質のものなのでしょうか?　禅では、修行の先輩が後輩の様子をみて「よし、君の悟りは本物だ」と認定することになっています。しかし、その悟りは 2500 年前に釈迦が得たという悟りとどこまで同質のものだと言えるのでしょうか?

　キリスト教などの場合も、さまざまな人々の「信仰」はなぜ同質のものだと言えるのでしょうか?　歴史を調べれば、ある時代には神への冒涜とされる考え(たとえば男女を平等とする考え)が、別の時代にはそうだとは考えられなくなったことが分かります。ということは、信仰を構成する要素も時代とともに変わってきたということではないでしょうか?

宗教は社会的な営みである

　神の存在証明に話を戻せば、仮に哲学的に神の存在を証明できたとしても、それは抽象的な神——たとえば全知全能といった抽象的な概念だけで構成された神——です。しかし、聖書やコーランが描いている神は、歴史の中の具体的なエピソードを伴う、特殊な相貌のある神です。この 2 つの存在は論理的には直接つながりません(これは 172 ページのテストで引用したハラリの議論にもつながる問題です)。

　このように、宗教の主張を哲学的に分解していくと、人々が「これが神だ」「これが悟りだ」と語る、その語りの信憑性がいつも問題となります。

　実際、共同体のメンバーが「真実だ」と言うことで真実という約束として存続してきたのが宗教の実態であるのかもしれません。

　そういう意味では、宗教とは思想的というよりも社会心理学的な営みであると言えるでしょう。

東日本大震災を事例として、日本人の神や霊に対するスタンスを考えてみましょう。

問 3

東日本大震災が起き、津波の被害によって大勢の人が亡くなったとき、ある人は新聞紙上の論説で「神は存在しない」と書きました。災害などによって何の落ち度もない個人が被害を受けたとき、このような論説が現れるのはふつうです。

さて、そこで言われている「神」とはどのような神だと思いますか？
またどのような理由で「存在しない」と言われるのだと思いますか？

問 4

東日本大震災のあと、被災地で「死んだ人の霊を見た」とか、震災の当日に不思議なことが起きたとか、いわゆる「霊的な話」がよく聞かれ、マスコミの話題になったり、社会学の調査などが行われました。

さて、このことから「やはり霊はあるのだ」「宗教は不滅だ」という結論を出すのはいささか短絡的だと思われます。では、どのように考えることが可能か、自由に挙げてみましょう。

震災後、霊のうわさをめぐって出版されたさまざまな本

問 3

_____

_____

_____

_____

_____

問 4

_____

_____

_____

_____

_____

テ ス ト の 解 答 例

問 1

一つは「宇宙の神秘」としての神であり、人間には理解しがたい深遠な存在である。もう一つは「世俗的な立法者」としての神であり、女性の服装や同性婚の忌避など、日常レベルの具体的問題に規範として駆り出される神である。

問 2

日本の宗教にも、ハラリの言う矛盾に近いものはあるだろう。たとえば、神々の信仰は一方では大自然への畏敬だと言われ、他方では女人禁制や年功序列など、日本社会の習慣の正当化に使われている。

ポイント ▶ 一般に、神霊を宇宙、自然、自由、愛といった抽象的なものと等しいとしつつ、日常生活におけるローカルな習慣や風習といった具体的なものと結びつける場合、同じような論理的飛躍を抱えることになります。

問 3

ここで言われている「神」は一神教の神のような全能の神なのではないか。全能の神なのに無辜の人々の死を止められなかったのは矛盾だとも考えられる。

問 4

霊の噂がたつというのは、霊の存在を示しているのではなく、日本社会において霊信仰が根強いことを示している。

おそらくふだんから霊を信じる人は多いのだが、ふだんはそれに真剣な注意が向けられない。しかし震災のような大事件が起こると、霊の話にマスコミや社会学者が注目するようになるということではないか?

❖

宗教には人生について深く考えさせる思想があります。しかし逆に、深く考えることによって、宗教の矛盾を指摘できるようにもなります。

見方を変えれば、哲学には、宗教を支える側面と、宗教を批判する側面があるということになります!

❖

第 **2** 日

宗教と科学

呪術から科学へ、天動説と地動説、反進化論

呪術から科学への発展

神の法則への探求心

1 昔、宗教は「科学」だった?

今日、宗教と科学といえば、正反対のものどうしだと感じられるでしょう。宗教に否定的な人は、宗教は迷信、その迷信を払うのが科学だと考えます。宗教に肯定的な人は、宗教は心や道徳の問題を扱い、科学は物理的な事実の検証にかかわると考えます。

前者ならば、宗教と科学は対立的なものであり、後者であれば宗教と科学は相補的なものです。

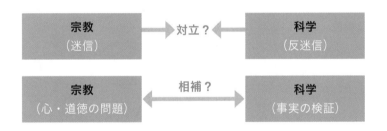

では、昔はどうだったのでしょうか?

そもそも大昔には今日のような科学はありませんでした。学問のある人はみな宗教家でした。シャーマン、神官、聖職者、僧侶といった過去の知識人は、天文に関する知識、動植物の知識などを駆使して、暦をつくったり、薬をつくったりもしたのです。そういう意味では昔の宗教者はある種の「科学者」だったとも言えます。

ただしそれは現代の科学とは異なります。まだ方法の確立されていない混沌としたものであり、無数の誤謬を含んでいました。地水火風の元素によって説明される世界には、精霊も悪霊も棲んでいます。占星術も信仰治療も正しい知識だと信じられていたのです。

そうした古い時代には、今日の目で見て「非科学的」と言えるようなさま

ざまな自然操作の技法が実践されていました。そうした技法のことを呪術と呼びます。

② 呪術＝現代から見ると非科学的な「魔法」

超自然的な方法で意図する現象を起こそうとする行為を、宗教学では呪術と言います。英語では magic です。魔術、魔法と言ったほうが分かりやすいかもしれません。

人間は因果関係を予測してさまざまな事象を制御しようとしますが、予測された因果が正しい因果であるならば、科学・科学技術ということになります。しかし**間違った因果**であることも多く、前近代までの社会ではそうした間違った因果の推理に基づく技法が普通に行われていました。それを今日の我々の目から見て呪術と呼ぶわけです。

分かりやすい例は、雷鳴が響いてから雨が降るのを観察して、音→雨という因果を考えて、銅鑼を鳴らしつつ降雨を祈願する儀礼（雨乞い）でしょう。

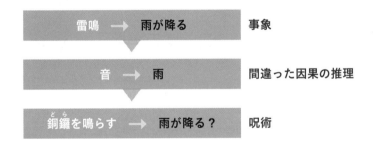

宗教学では、呪術や呪術的思考を宗教の一領域と考えますが、古くは、呪術と宗教とを対立的に捉える考えもありました。

それによると、呪術は**人間本位の操作**、宗教は**神本位の祈り**に特徴があるということになります。

もっともこの区別はあくまで理念的なものであって、信仰の実態は必ずしもこのように分かれてはいません。

呪術の分類

白呪術…社会のためになる良い呪術

黒呪術…人を呪殺したりなどする悪い呪術

類感呪術…銅鑼と雷鳴の類似を利用する雨乞いのような、類似の原理に基づく呪術

感染呪術…人が触れた物に操作してその人を呪うといった接触の原理に基づく呪術

→呪術の原理が類似か接触かというのは、あくまで概念上の区別です。実際にはもっと複雑な様相を呈しています。

③ 政治・経済・社会を巻き込み発展したヨーロッパの近代科学

人類は呪術ばかりやっていたわけではありません。たとえば世界各地には巨大な神殿や城塞などの古代建築が遺されていますが、これは力学的に正しいやり方で建築されたからこそ、今日まで生き残っているわけです。こうした工学的技法、薬の研究、

すばらしい工学的成果である巨大建築は世界中にあります。マヤ人のように精緻な天文観察を行った民族も少なくありません。

天文学的観察などの合理的研究の伝統の中から今日の科学が生まれました。近代科学の構築に成功したのは**ヨーロッパ**、とくに西欧でした。

中世のヨーロッパは神学を絶対としていましたが、ひとたび実験による検証と数理計算による法則の発見の道が開けると、その後の発展は爆発的でした。このブレークスルーを象徴するエピソードとして知られるのが、中世までの天動説がコペルニクス（1473-1543）によって地動説に変わったいきさつです。望遠鏡の観察によって地動説の正しさを確信したガリレオ（1564-1642）が教会により異端とされたというのは有名な話です。

科学革命は、**大航海時代**以後の世界中の文物の集積や、世界の富の支配、資本主義や国民国家を背景にする**産業革命**など、政治・経済・社会の全体を

まきこんだ変革の中で進められたものです。植民地主義を含む社会全体の変化の一環だったのであり、思想だけの進化ではなかったことに注意すべきでしょう。

異端審問所で審問されるガリレオ

4 宗教的情熱が科学を発展させた

とはいえ、科学の発展には宗教的背景もありました。ニュートン（1642-1727）など近代科学の開拓者たちは、自然界の法則を発見することが、神のパワーの証拠を見出すことと同じだと考えていました。逆に言えば、神の法則を知りたいという情熱が、科学的推論を推し進めたとも言えます。

こういう発想は、「全知なる神」と「神が創った世界」とを完全に対立的に考える一神教において有利だったでしょう。

他方、今日しばしば科学と対立するのも、一神教世界に多い現象です。たとえばプロテスタントの一部のファンダメンタリズム（根本主義）と呼ばれる流れでは、神の絶対性と聖書の無謬性を強調します。科学の結論が聖書の記述と矛盾するときには科学を棄て、聖書の記述こそ真実だと主張します。聖書によれば、神は6日間で天地、生物、人間を一挙に創造していますから、生物進化論は誤謬だと判断するのです。

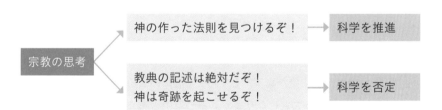

科学と宗教の関係は、今日でも両義的だと言えます。宗教は科学的情熱の母胎となったり、科学的成果を否定する迷信となったりするわけです。

次の問いに答え、非科学的な思考を見抜くための視点を身につけましょう。

　動物行動学者ライアル・ワトソンの『生命潮流』（1979）には「100匹目のサル」と通称される現象が報告されています。それによると、あるときある土地の1匹のサルが川で芋を洗いました。この行動は数年かけてサルたちの間にゆっくりと広がったのですが、この行動をとるサルがある数（仮に「100匹」とする）に達したとき、一瞬にして群れ中のすべてのサルがこの行動を身につけるようになったというのです。

　この話は無根拠の作り話です。しかし、ニューエイジ（精神世界）系の信者の間で広まり、また経営成功術の伝道者も盛んに引用しました。一定数の人間が何かの行動をとるようになれば、世界中の人間がその行動をとるようになる、という魔法のような話は、信仰の伝道や商品の宣伝にとって好都合だったからです。

問 1

「100匹目のサル」現象を信じた人はこれを科学だと思ったわけですが、内容からすると呪術の思考に近いと思われます。その理由を考えてみましょう。

問 2

「100匹目のサル」現象が真実だとすると、信仰の伝道や商品の宣伝にとって都合がいいということになります。その理由も考えてみましょう。

宗教とさまざまな分野とのかかわり ------ 宗教と科学

各文明が育んだ科学

古代ギリシアから中国まで

　古代ギリシアは数学や科学の研究において優れた業績を残しました。「ピタゴラスの定理」「アルキメデスの原理」は今日でも生きています。前３世紀にエラトステネスは地球の大きさを計測しています。ピタゴラスは数をめぐる神秘主義的な思想をもっていたと伝えられています。

　イスラム文明も一時期は数学や科学を発展させました。「アルジブラ（代数）」や「アルコール」などの言葉を残しています。

　インド人はゼロを発見したと言われます。今日用いられるアラビア数字は起源的にはインド数字です（下記参照）。

　中国も実用的な分野で活躍しています。羅針盤、火薬、紙、印刷術の４大発明は有名ですね。道教では長生きすることを目指しましたが、漢方や鍼などの東洋医学の源流の１つです。

第1週
第2週
第3週
①
②
③
④
⑤

インドでの「ゼロ」の発見と仏教の「空」の思想の共通点

　数字の記載において、からっぽの位に印を入れておくということは古代メソポタミアにも事例がありましたが、「からっぽ」ということに特別の意味を与えたのはインド人でした。のちの数字体系（アラビア数字）において０の数字が堂々と使われ、０という数の研究が行われるようになったのは、こうしたインド的思考を起源とすると言われます。

　インドの哲学では、仏教の空(くう)の哲学に代表されるように、「何もない」ということに積極的な意味が与えられています。般若心経という大乗仏教の経典では、「色即是空（あらゆる物質現象は空である）」と説かれます。これは、あらゆる現象は他との関係の中で存在しているので、それ自体としてはからっぽである」という意味です。しかしからっぽなりに機能を果たすので、現実の現象界が生じているのです。

　数の０もまた、それ自体としてはからっぽでありながら、さまざまな算術的あるいは数学的な機能を果たしています。

天地創造と進化論の衝突

神が創造した世界ではなかった?

ファンダメンタリスト(根本主義者)の反進化論

チャールズ・ダーウィン(1809-1882)の進化論は19世紀末から20世紀初頭のキリスト教会を悩ませました。キリスト教徒の大半は伝統的に聖書の記述を文字通りに受け取ってきたのですが、進化論の説は聖書の「創世記」が描く、たった6日間での世界と生物と人祖アダムの創造の記述とはまったく一致しないのです。

実は進化論ばかりでなく、考古学も地質学も宇宙物理学もみな聖書とは一致しないのですが、進化論のもう一つ困った点は、それまで神の業としか考えられないと思われていた生物器官のすばらしい複雑性を、自然淘汰という偶発的要因の積み重ねのプロセスによって十分説明できることを明らかにしたところにありました。

主流の教会を率いていた牧師や神父や神学者たちは、同時に知識人でもあり、結局は進化論を受容する方向に向かいました。ところがこれに断固反対の立場を、アメリカの一部のプロテスタントが表明しました。聖書の無謬性を信じるそうした人々をファンダメンタリスト(根本主義者)と呼びます。信仰に熱心で伝道に熱心な福音派と呼ばれる人々と、概ね重なっています。

20世紀の初め、生物進化論の影響を受けて、適者生存を根拠に社会的格差や人種差別を正当化する社会思想が蔓延しました。進化論としては曲解と言えるのですが、一般民衆には判断がつきません。ファンダメンタリストが進化論を目の敵にした理由には、こういう時代背景がありました。

20世紀の半ば、ファンダメンタリストは神を「知的設計者」と呼び変えて、学校の生物学では、進化論と並んで「知的設計者」による生物創造も教えるべきだとする運動を起こすようになりました(「知的設計者」に関しては175ページ参照)。彼らはあくまで少数派ですが政治的な影響力をもっています。アメリカ人には進化論に疑念を抱く人が常に一定数いるのです。

それは科学か、呪術か

過去の未熟な科学とこれからの科学

当時は科学と考えられていた「呪術」

今日、20世紀以降科学の発展は目覚ましいものになり、さまざまなテクノロジーという形で日常生活を支配するようになりました。一般的には科学に対する信頼は絶対です。19世紀までは信仰治療や呪術的な民間療法も一般的でしたが、今日、病気になった人が真っ先に駆け込むのは病院であって祈祷師の家ではありません。信心深い人でも、まずは病院に行って、「医者に見放されてから」信仰治療を始めるという順番です。

とはいえ、科学が常に発展途上であるということも事実です。実際、宗教と違って絶対の真理から出発せずに、実験や調査によって修正していくのが科学のやり方です。理論もまた日進月歩で進化しつつあります。発展途上であるのは科学それ自体の本質です。

過去の未熟な科学には、今日の目で見れば「呪術」と呼びたくなるようなもの（疑似科学）であった事例もたくさんありました。

たとえば、19世紀には骨相学（craniology）というものがありました。個人の頭の形を見ると、中の頭蓋骨の形が見えます。どこかが張っていたりどこかが平らだったりします。これは大脳の発達の影響を受けたものだということで、頭の形から当人の性向や能力が読み取れると昔の人は考えたのです。現代の科学から見れば、これは手相占いと同様のものです。

古代から行われてきた瀉血（病気の治療のために血を抜くこと）は近代になってもしばらく続けられ、18世紀までは医師の標準的な療法だったといわれます。これは今日では全く意味のない療法で、身体にも悪かったと思われます。

医者にできることがそれくらいしかなかったとすれば、医者にかかるより呪い師にかかるほうが（血を流さないし、心理的に勇気づけられるので）効いたかもしれませんね。

まるで宗教の流行?　疑似科学の蔓延

　人文・社会系の学問となると、自然科学よりも曖昧な部分があることは確かです。たとえばジークムント・フロイト（1856-1939）に始まる精神分析といえば、人文科学と医療の両方の領域にまたがり、20世紀の諸思想に多大な影響を与えた療法ないし思想ですが、これも医学や自然科学からの批判にさらされてきました。たとえば、精神的な病気の原因を子供時代の体験に帰したり、記憶の抑圧というものがあるとか、その記憶の意識化が治療になるといった仮説には根拠がないと批判されています。

　20世紀後半には行き過ぎた近代社会を批判するポストモダン思想が流行しましたが、その中には疑似科学的な思想もたくさんありました。それらは21世紀には主流の文化から姿を消しましたが、インターネットとSNSの発達は、奔放な疑似科学、偽史、フェイクニュースといったものを社会に蔓延させています。こうした流行は、さまざまな時代に起きた宗教の流行を思わせるものです。

科学の発展と倫理的問題

　他方、科学技術の突出した発展に対しては、各方面から倫理的懸念が出されています。

　たとえば、遺伝子工学の発展によって親の好むままに子供をデザインできる時代が来たときに、限界ある人間を前提とする現在の倫理は崩壊するのではないか?　また遺伝子操作の恩恵を受けることのできる人とできない人との違いは格差社会を決定的なものにするのではないか?　と懸念されています。

　同様の懸念は、AI技術の突出した発展などについても言われています。

　こういった疑問に対して、倫理的判断を含まない科学自体から答えを出すのは難しいと言われています。宗教からは、主に、与えられた身体・自然的条件を受け容れる心構えの重要性、社会的平等の重要性といった観点からの批判が寄せられています。

宗教と科学にまつわる問いについて、あなたの考えを言葉にしてみましょう。

問 3

「科学がすべてではない」というふうにしばしばいわれます。科学はデータを集め、推論を行うプロセスですが、データが精緻なものになることによって、結論が変わることもあります。今現在の科学的結論が絶対の結論ではない、ということが常に言えます。

　また、科学はある事実を明らかにすることができても、その事実を利用して何を行うべきか、善悪の判断をするものではありません。道徳的判断については、科学それ自体の答えはオープンなままです。

「科学がすべてではない」ということから「宗教にも耳を傾けよ」という結論を出すのは妥当なことでしょうか。妥当だとすれば、それはたとえばどのような場合だと思いますか。

問 4

　同性愛について、宗教的伝統はしばしばそれが「反自然的」であるからといって否定してきました。しかし自然科学は同性愛は単純に自然的現象なのであって「反自然」ではないことを明らかにしました。実際、同性愛に関する我々の道徳的態度は、科学の進展によって改められました。

「科学は道徳的判断には関わらない。道徳的判断に関わるのは宗教である」という通念がありますが、上の文から考えるとそれは必ずしも妥当ではないように思われます。それはなぜでしょうか？

問 3

問 4

問 1

「一定数の出来事が起こる」→「一挙に広がる」という想定は間違った因果関係である。呪術は間違った因果に基づくものであるから、「100匹目のサル」を信じて行動するのは呪術的だと言えるだろう。

問 2

「一定数の出来事が起こる」→「一挙に広がる」が真実であるならば、教団が伝道して一定数の信者を獲得できれば、一挙に信仰を広めることができるだろう。また、顧客を一定数獲得できたら、あとは商売は上向きになるだろう。 ポイント ▶「一定数の人々が平和を祈れば、世界平和が訪れる」と信じた人々もいるようです。こうした発想は——ワトソンの虚偽に影響されなくても——実はそれほど珍しいものではないかもしれません。

問 3

たとえば未知の島の生態系に関して、科学者がまだ何も調べていない段階では、科学的経験に基づく推定も間違っているかもしれない。むしろ、その島に暮らす人々の伝承のほうが、たとえそれが神話や宗教の混ざったものだとしても、あてにできるということは考えられるだろう。一般に、未知の領域については、宗教的伝承も無碍に退けるべきではないだろう。 ポイント ▶「道徳的判断については、科学それ自体の答えはオープンなまま」だということは、宗教の道徳的判断を正当化するものではありません。問4をご覧ください。

問 4

同性愛に関する社会の道徳的判断に根拠を提示することができたのは科学であり、宗教は「反自然」という間違った通念に固執した。このことから考えると、宗教が道徳的判断を下すというのは妥当なこととは思われない。

ポイント ▶宗教に批判的な進化生物学者のリチャード・ドーキンスは、「科学に答えが出せないからといって、ではなぜ宗教なら出せるという結論になるのだ」と言って、宗教には独自の領域があるという考えを退けています。

科学者ではない一般の人々は、しばしば科学の一つの仮説的結論をそのまま真理として絶対視したり、科学者が自分の専攻以外の分野についてたまたま述べた私見を科学の結論として信じたりします。こうした「科学信仰」は科学ではなく、どちらかというと宗教に似たものとなります！

宗教と政治

世俗化と政教分離、制度的癒着、イスラム共同体

「政教分離」をひもとく

宗教と政治の関係性は?

よくある質問に「なぜ宗教が政治にかかわろうとするのですか?」というのがあります。一言で答えにくい質問です。ここで「宗教」が何を指しているか（宗教団体？）という問題がありますし、「政治にかかわる」とはどういう意味か（選挙運動やロビー活動？）という問題があります。

「政教分離」という概念が近代国家の前提となっていますが、過去には「政」（政治）がそのまま「祭り事」（宗教）だったといわれるところを見ると、宗教と政治が本質的に別次元というわけではなさそうです。たとえば、イスラム共同体は宗教的でも政治的でもあるような集団です。

いったい宗教と政治とは関係がないのでしょうか？　あるのでしょうか？　関係があるが、敢えて分離しようということなのでしょうか？

「宗教」から政治へのかかわりは排除できない

まず押さえておかなければならないのは、「宗教」の定義は難しいという問題です（第1週第4日参照）。神仏を奉じる教団があれば、それは見るからに宗教ですが、教団なしに個人が信じていることもありますし、社会に広がった習俗となっている場合もあります（習俗的な宗教やスピリチュアリティについても第1週第4日参照）。

神社の参拝など、習俗レベルの宗教に潜在的に属しているからといって、それでその人を政治から排除するなんてことは不可能です。また、ある個人的思想が仏やキリストや悟りや救いという概念を含んでいるからといって、選挙も政治活動もやらせないのは、基本的人権を侵すことになります。宗教的な思想をもって政治にかかわること自体は、制度的に制約できません。それは個人が集まって教団を構成していても同じです。いずれの場合も、ただ具体的思想内容の良し悪しを公共の討論において問われるだけです。

特定の宗教と国家の癒着は危険性を帯びている

　問題になるのは、歴史的に宗教とみなされている教え、シンボル、儀礼をもっている大小の利害集団（教団や共同体）のうちのどれか特定のものを、国家の公の制度が優遇するような場合でしょう。これは色々と弊害を生む可能性があるし、実際、過去において弊害が実証されました。

　たとえば戦前の日本では、国家が神道のとくに天皇崇敬をめぐる部分を特別扱いしており、国民は個人的宗教（仏教やキリスト教などの信仰）とは別にこれを奉じなければなりませんでした。国家は『古事記』『日本書紀』の神話を歴史的事実として国民に教え、国家が神社を管理しました。国家と神道とを癒着させたこのシステムのことを、国家神道と呼びます。これは強い権威と権力を帯びており、国民がこの制度や思想を批判することは困難でした。

　ところがこのシステムによって、日本は軍国主義に傾斜したのです。太平洋戦争における国家的破綻が、現人神とされる天皇への奉公という宗教的信念と結びついていたことは明らかです。

　国家と特定宗教の制度的癒着が、古代や中世ならともかく、国民をかっちり管理し経済的利害で固め、警察力も軍事的破壊力も増した近現代の国民国家において危険であることは明らかです。

　党と指導者を絶対とする北朝鮮の体制や、政教一致をめざすイスラム主義国家は、そうした危険性を帯びていると言えるでしょう。

神道（戦前は国家と制度的に結びついていた）

政教分離があいまいな事例もある

　とはいえ、特定の宗教的伝統がその社会において独占状態にある場合には、政教分離もそれほど明確なものにはなりません。

　欧米ではキリスト教会が圧倒的多数派でしたので、キリスト教に対する優

遇が制度的に当たり前になっているところもあります。

　英国では英国国教会が文字通り国教です。ただし実態としては国教会がとりわけ保護されているわけではないようです。

　米国の紙幣には "In God We Trust"「我々は神を信じる」と書いてあります。この神はキリスト教の神でしょうし、少なくとも一神教の神であることは確かです。大統領就任式では、大統領は聖書に手をあてて誓います。

　一般に、キリスト教やイスラム教の社会では、自らの宗教が人類に普遍的な価値を謳う一神教であるため、国家との特別な結合に問題があるとは必ずしも思われていないようです。

　しかし、神道なら民族的に閉じており、キリスト教なら普遍的に開かれているというのは、それ自体がイデオロギーであり、現実には怪しいといえます。実際、米国の右翼的なファンダメンタリストの思想に普遍性を見出すのは困難です。

宗教の捉えかたによって変わる政治との関係

　一般的に言って、宗教そのものをどう捉えるかによって、国家や政治と宗教との関係に関する意見が様々に分かれます。あなたはどう考えますか？

基本の考えは信教の自由、および国家と教団の分離

宗教を**個人の思想の問題**と捉え、国家は**信教の自由**を保障し、**特定の宗教共同体を優遇しない**ようにすべきであるという考え。

信教の自由も宗教的？

信教の自由を尊重する考え方自体が宗教的なものだと考えることもできます。実際これは西欧のキリスト教的伝統において育った思想です。この意味では**政治の宗教的次元**を簡単に否定することはできません。

宗教にもっと厳しく？

伝統的な宗教を誤謬だと考える**無神論者**から見れば、宗教を公共社会から追い出した近代の制度は宗教ではありません。彼らは国家のみならずあらゆる公共の場面に宗教を持ち込むことを警戒すべきだと考えます。

とりあえず言えることは、宗教の具体的なあり方は伝統ごと、国ごとに大きく違っており、その文化的特徴や国民の歴史的経験に照らして、宗教と政治の関係を問題を個別的に考えていくしかないということです。

ここに注目！ 宗教と政治を本当に「分離」できるか？

伝統的に、宗教は人々の（個人的・集団的な）生活様式でした。そこには集団における物事の決定の様式なども含まれ、それ自体は政治的なものでもありました。そういう意味では、「宗教と政治の分離」は原理的に考えにくいということになります。

今日でも、宗教を最も広く捉えると、自由や平等の表明を含め、あらゆる人生哲学や社会的行動規範を含むものになり、それは政治的なものでもあるということになります。

また、政治におけるいかなる判断も個人個人の人生に究極の選択を迫るものとなり、それは宗教的なものでもあるということになります。たとえば国家が戦争を遂行すると、個人は死とは何かという宗教的問題と否応なく向き合うことになります。

政教分離＝「国家」と宗教共同体の分離？

今日、政治というと何よりも国家の仕事です。18世紀のヨーロッパで成立した近代的な国民国家においては、国家の法律や諸制度が国民の生活を全面的に支配します。いわゆる福祉国家として国民の面倒を見、警察や司法で犯罪を取り締まり、国民を軍事的に組織して個人の生死の運命を左右します。

そしてこの国家の中に、様々な宗教共同体（カトリック教徒やプロテスタントの教派やユダヤ教徒など）が仲良く収まるというのが理想とされています。国家はどの教会とも原則手を結ばない──これが「教会と国家の分離」です。

日本的にいえば「教団（≒宗教法人）と国家の分離」ということですね。

知 識 を 自 分 の も の に する ため の 独学テスト

国家神道に関する文を読み、日本における政治と宗教のかかわりについて考えましょう。

〔略〕実は天皇崇敬こそ国家神道の主要な牽引車だった。国家神道は神社以外の場、とりわけ近代国家の構成員になじみが深い学校や国民行事やマスメディアを通して広められた。それは江戸時代に形作られた国体論を拠り所とし、国民国家とともに形成された神道の新しい形態だった。〔略〕〔国家神道は戦後に解体されたが〕「解体」されたのは国家と神社神道の結合であって、皇室祭祀〔皇室内で行なう神道行事〕はおおかた維持された。その後、皇室祭祀と神社神道の関係を回復し、神道の国家行事的側面を強めようとする運動が活発に続けられてきた。〔略〕戦前に比べ薄められてはいるが、「神の国」の信仰を受け継ぐ国家神道は今も多くの支持者がいる。それも信教の自由に属するが、他者の信教の自由（日本国憲法20条）、思想・良心の自由（日本国憲法19条）を抑圧しない範囲にとどめなくてはならない。　　　　　　（島薗進『国家神道と日本人』、岩波新書、iii〜vページ）

問 1

以下にこの論考の内容を整理してみましょう。

❶この論考によれば、戦前に構築された国家神道の中核にあるのはどのような信仰でしたか？
❷その主要な3つの推進装置は何でしたか？
❸戦後に解体されずに残された国家神道の要素とは何ですか？
❹今日まで続く、国家神道を支持する動向とはどのようなものですか？
❺この論者は今日における国家神道の支持に関して、日本国憲法の見地から見てどうあるべきだと主張していますか？

❶ [ ]

❷ [ ] [ ]

[ ]

❸ [ ]

❹

_____

_____

_____

_____

_____

❺

_____

_____

_____

_____

_____

宗教とさまざまな分野とのかかわり —————— 宗教と政治

ヨーロッパの政教分離の歴史

教会優位から国家優位へ

　中世ヨーロッパでは教会も国家も神に属するものと考えられていました。しかし神学者は、宗教的（精神的）指導を行う教会が世俗を司る国家に優越すると考えました。

　16世紀に始まった宗教改革は旧来のカトリック教会と新しいプロテスタント諸教会との激烈な宗教戦争を招きました。真理をめぐる戦いは敵＝邪教徒の徹底的弾圧を求めます。これは宗教的でも政治的でもある問題でした。

　しかし平和回復のために、政治権力としての国家の優越性が模索されました。

　18世紀のフランス革命は、国家を教会から切り離し、自由で平等な個人の意思の上に成り立つものとしました。個人は信教の自由を保証されます。結局、教会と国家は分離されたばかりでなく、公の社会における宗教の役割も制限されるようになりました。

第1週 第2週 第3週 ① ② ❸ ④ ⑤

中世に宗教と政治の分離が始まったが、宗教（教会）が優位だった。

| 教会　至上権を主張！
（カトリック） | 国家は劣位 |

近代初期の宗教戦争は激しかった。

国家が優位に立ち、伝統的宗教にノータッチという建前が生まれた。

日本国憲法における政教分離

国家神道からの反省

　日本国憲法の中の国家と宗教の関係に関する規定を見てみましょう。

１項：信教の自由は、何人に対してもこれを保障する。いかなる宗教団体も、国から特権を受け、又は政治上の権力を行使してはならない。

２項：何人も、宗教上の行為、祝典、儀式又は行事に参加することを強制されない。

３項：国及びその機関は、宗教教育その他いかなる宗教的活動もしてはならない。　　　　　　　　　　　　　　　　　　　　　　　　　　　　（第 20 条）

公金その他の公の財産は、宗教上の組織若しくは団体の使用、便益若しくは維持のため、又は公の支配に属しない慈善、教育若しくは博愛の事業に対し、これを支出し、又はその利用に供してはならない。　　　　　　　　（第 89 条）

　この規定と対照的なのが、第二次世界大戦前の国家と宗教とのあり方（いわゆる国家神道の体制）です。この時代、神道は「国から特権を受け」「政治上の権力を行使し」ていました。国民は国家神道の「儀式又は行事に参加することを強制され」ました。国は教科書などを通じて「宗教教育」を行いました。「公金その他の公の財産」が使用されたのです。

　つまり現憲法の規定は歴史からの反省によるものなのです。

> **今後も続く、宗教と政治のかかわりへの問い**
> 国家と宗教の関係は、色々と新たな問いを投げかけ続けています。
> ローカルな伝統行事への役所のかかわりは？　国家神道時代からある靖国神社の位置づけは？　憲法が規定する天皇の在り方に宗教性が残っていないか？　教育の中で宗教をどう位置づけたらいいのか？ etc…

20世紀からのイスラム復興運動

政教一致のイスラム共同体

　7世紀に預言者ムハンマドは、神から受けた啓示によって人々の生活に采配を振るい、成功しました。これをモデルにして生まれた宗教・政治的なシステムがイスラム共同体です。

　ただし、イスラム教徒の共同体は、コーランを通じて草の根的につながった人々の連合体であって、近代国家のようなシステムではありません。

　イスラム圏の人々の活動は中世まではヨーロッパよりも盛んだったのですが、18世紀19世紀と時代が進むにつれて、地域ごとにヨーロッパの植民地となっていきました。

　20世紀にヨーロッパ人が引いた国境線に沿って、各国が独立し、それぞれに西欧型の近代国家を生み出したのですが、国家を意識せずに宗教的に生きる者たちの共同体であるイスラムの理想とは異質なものであることもあって、なかなか定着しません。近代国家といっても、国王の専制であったり軍事的ナショナリズムに訴えたりする場合が多く、弾圧を受ける国民もいました。

西洋的システムとイスラムの伝統的システムの摩擦

　20世紀後半には、イスラム圏の人々も次第にイスラムのアイデンティティを主張するようになり、国家、政治、公の社会のあり方のイスラム化を図るイスラム主義の運動も広がります。1979年のイラン・イスラム革命は象徴的な事件でした（それまでの国王主導のイランは西欧化に向かっていると思われていたのです）。

　20世紀末から21世紀初めにかけて、過激主義の暴発が繰り返し起こります。最も象徴的なのは2001年におけるアメリカ同時多発テロです。

　イスラム教徒のほとんどはこうした過激行動を是認していません。しかし、西洋がもたらした近代国家のシステムと伝統的なイスラムのシステムとの間に緊張関係があることは確かです。

イスラム運動──過激化の流れ

サラフィー主義

イスラム初期時代への原点回帰運動。のちのイスラム復興に大きく影響。

ワッハーブ運動
（18世紀）

サウジアラビアの原点回帰運動で、国家建国（1932）に影響。

ムスリム同胞団
（1928～）

イスラム復興をめざすエジプトの組織。1950年代よりナセル政権から弾圧を受ける。
急進主義者サイイド・クトゥブの思想がのちの過激主義に影響を与える。

パレスチナ紛争
（1948～）

シオニズム（ユダヤ人国家建設運動）はイスラエル建国として結実するが、アラブ諸国と戦争（中東戦争）が繰り返される。1964年パレスチナ解放機構（PLO）設立。

宗教とさまざまな分野とのかかわり ------ 宗教と政治

イラン革命
（1979）

シーア派の法学者ホメイニによるイスラム主義革命。欧米や周辺諸国と対立する。

ヒズボラ
（1982～）

レバノンのシーア派活動組織。1983年自爆テロ（自爆のはしり）

タリバーン政権
（1996～2001）

ソ連の侵攻（1979～89）以後混乱したアフガニスタンに成立したイスラム主義政権。

アルカーイダ
（90年代～）

指導者ウサマ・ビン・ラーディンは制度的制約なきジハードの観念を広める。2001年にアメリカ同時多発テロ。

Photo by Michael Foran
"WTC smoking on 9-11"
(2001)

湾岸戦争（1991）、イラク戦争（2003～2010）

イラク戦争では米軍がイラクのフセイン政権を破壊。宗派対立の激化とIS台頭をもたらす。

IS（ISIL、「イスラム国」2006～）

シリア・イラク国境地帯に台頭。サラフィー主義・カリフ制再興を掲げ「文化浄化」や虐殺を行う。

アラブの春
（2010～2012）

アラブ諸国に反政府デモが続発、チュニジア、リビア、エジプトなどで政権が倒れる。

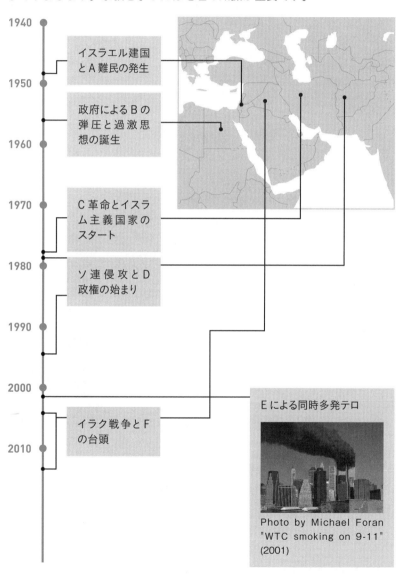

問 2

以下の年表と地図のA〜Fにあてはまる言葉・地名を205ページから探してみましょう。宗教を学ぶには地理の知識が重要です。

1940

1950

イスラエル建国とA難民の発生

政府によるBの弾圧と過激思想の誕生

1960

1970

C革命とイスラム主義国家のスタート

1980

ソ連侵攻とD政権の始まり

1990

2000

Eによる同時多発テロ

イラク戦争とFの台頭

2010

Photo by Michael Foran
"WTC smoking on 9-11"
(2001)

第1週
第2週
第3週

①
②
③
④
⑤

A [   ]

B [   ]

C [   ]

D [   ]

E [   ]

F [   ]

問 1

①天皇崇敬　②学校、国民行事、マスメディア

③皇室祭祀　**ポイント** ▶ 天皇が行う 13 の祭祀のうち古来のものは毎年稲の新穀を神に供えて共食する新嘗祭です。他に初代天皇とされる神武天皇の即位を祝う紀元節祭などがあり、天皇の代理が行う行事もあります。

④皇室祭祀と神社神道の関係を回復し、神道の国家行事的側面を強めようとする運動

⑤それは信教の自由に属する。しかし憲法の命じる他者の信教の自由、思想・良心の自由を抑圧しない範囲にとどめなくてはならない。

問 2

A パレスチナ　B ムスリム同胞団　C イラン　D タリバーン　E アルカーイダ　F　IS (ISIL、イスラム国)

ポイント ▶ 中東地域の主な国を地図上に見つけられるようにしましょう。宗教学の知識は常に歴史と地理の知識と連動しています！

第1週
第2週
第3週
①
②
③
④
⑤

❖

宗教と政治の関係は難しいですね。個人、共同体、国家には利害があり、国家と結びついた宗教はしばしば他者を抑圧します。しかし宗教性ゼロの政治というものがあり得るのか？　……明瞭な答えはありません。

❖

第4日

宗教と経済

神と富、公共事業、キリスト教と資本主義

宗教的禁欲と経済

経済的活動を否定するか?　発展に寄与するか?

　宗教にも色々ありますが、第2週で学んだような古典的な大宗教に限っていえば、どの宗教も、現代人には「禁欲的」「抑制的」と思われる教えをもっています。

托鉢に向かう出家者

仏教の禁欲主義

　釈迦の始めた仏教は、頭を剃って出家し、ボロきれを再利用した布を身にまとい、住居は最低限のスペースとし、所持品を持たず、托鉢して得た食物だけで暮らすことを理想としていました。ここには経済活動の入り込む余地はまったくありません。

　在家の人たちは村の中で普通に暮らしていればいいのですが、ここでも欲望は苦のもとであるとしていましたから、今日の消費主義のようなものを肯定するような要素はありませんでした。

仏教の経済構造

出家者		在家者
経済生活なし 徹底した禁欲	← 財政的支援	経済生活 ほどほど禁欲

平等をめざす一神教

　一神教の基本的モデルは、共同体の全員が同じ神の戒律のもとで協調的に暮らすことです。

　旧約聖書によれば、モーセはエジプトで奴隷状態だった民を救い出しまし

た。福音書によればキリストは貧者とともに暮らし、「金持ちが天国に入るより、らくだが針の穴を通るほうがまだ易しい」と言ったとされます（「マタイによる福音書」19章。また 46-47 ページ参照）。コーランのメッセージは格差社会となったメッカの貧者たちを救うものであり、利子の禁止といった規定を含みます。

このように一神教は、共同体内での（経済的）平等に大きなウェイトを置いています。そして貧者のための喜捨・寄付や慈善行為を高く評価し、それが社会的習慣として今日も根付いています。そもそも一神教は終末を強調します。いつ終末が訪れてもしょうがない。ということは、現世の経済活動に邁進することには、本質的に意味がないということでしょう。

一神教の傾向

平等の強調 喜捨・寄付・慈善 秩序ある経済	終末の強調 現世の経済活動への 潜在的懐疑

イスラム教ならではの現代金融システム

コーランで禁止されているリバーという取引形態は、ふつう利子の徴収や支払いと解釈されています。現代では利子を用いないイスラム金融が模索中です。たとえば事業に利益があれば事業者と出資者に分配、損失については事業者は報酬なし、出資者は残余の資金のみ受け取るなど。他にも様々な方法があり、試行錯誤されているようです。

経済活動に肯定的な側面も

しかしこれが話のすべてではありません。俗世より神仏の理想を求める宗教が経済に冷淡であることは自然な成り行きですが、信者たちが地上で生活している以上は、生活、欲望、資産といったものを全否定することはできないからです。

大乗仏教は、初期の仏教よりも、民衆の経済活動に肯定的だったようです。法華経などの大乗経典にはしばしば「居士」と呼ばれる資産者階級の人々が登場し、出家の弟子を言い負かしたりしています。実際このころの仏教は、ローマとインドとの交易で資産をなした都市の商人たちの支持を得ていたといわれます。

イスラム教の開祖であるムハンマド自身が商人出身であったことも大事な点です。コーランでは神とのやり取りを商売の比喩で説明することもあります。

キリスト教の中世では、修道院の修道士たちが写本をつくったりワインを製造したりして、実質的に今日の会社や工場の仕事のはしりのようなことに精を出しておりました。

近代のプロテスタンティズムは、それまでのカトリック教会における、聖職者を中心とする信仰システムをやめて、信者の一人一人が聖書を読むなどして直接に神と対峙することを提唱しました。そういう意味では、一般市民がみな修道士のようになったのです。彼らは神のため勤勉かつ禁欲的に働き、富を生み続け、結果的に資本主義の発展に寄与したともいわれます。詳しくは、218ページをご覧ください。

法華経にみられる経済活動への肯定

法華経はさまざまな比喩的な寓話で説くことで有名ですが、民話調のそうした比喩の中では、ブッダが資産家にたとえられていたりします。

たとえばある比喩では、家出息子が経済的に成功した父の邸宅に偶然戻ってきます。彼はそれが実家だと気づかずに過ごします。父は息子に従僕としての仕事を与え、正しい教育を施してから、遺産を相続させます。これは、はっきりと自覚のないままに修行を続けて、やがて修行が実って悟りをひらいたときの驚きを象徴しています。

ブッダを、宝物を求める探検隊の隊長として描く比喩もあります。

宗教×経済の２つの側面

　古典的な宗教は、神仏あるいは何らかの超越的な真理のために畏まって礼拝の儀礼や修行を行います。つまり日常的な現実へのこだわりを戒め、非日常的なものに意識を振り向けるように誘います。これは、経済活動から心を引き離すようなベクトルだと言えます。

　これを象徴するのが、来世の信仰です。この世にはこだわるな、来世に富を積めという次第です。

　他方、宗教儀礼の秩序だった振る舞いは、今日の学校や役所や会社や工場などにおける勤勉さや計画性のひな型ともなっています。

　そういう意味では、宗教は人間を経済活動から引き離すのではなく、むしろ生真面目で計画的な生産労働を用意したとも言えます。

　ということは、宗教は潜在的に、

| 経済活動から 心を引き離す | ⟷ | 経済活動を生真面目に 行うことを促す |

　こうした２つの（矛盾した）側面をもっていることになります。

やたらと楽天的な宗教

　近年激しい格差のせいですっかり落ち目になった「アメリカン・ドリーム」ですが、宗教思想にもこれと共振するような楽天的思考があります。キリスト教的背景から派生的に生まれた積極思考（ポジティブ・シンキング）です。なんでも前向きに考えればうまくいくといった考え方で、ある種の呪縛性をもった偏った認識です。

　これはニューエイジ系の諸宗教や自己啓発セミナーなどにも影響を与えています。

宗教と経済に関する次の文を読み、現代社会や日本社会に ひもづけて考えてみましょう。

宗教においては昔からしばしば自己犠牲の徳が称えられてきましたが、それにはさまざまな意味合いがあると思われます。

一つには、神話で統合された共同体にとって、自己犠牲は好都合だということです。たとえば自己犠牲を行う少数の兵士によって社会全体が効率よく他の社会を攻撃できます。

自己犠牲が富の再分配として行われることもあるようです。北米先住民社会の一部はポトラッチと呼ばれる贈与の儀式で、富裕な人間や指導者などが人々を祝宴に招いて、富を贈与することで再分配しました。ときにこれは見栄の合戦のようになり、互いに贈与された貴重品を破壊してみせるなどということもありました。

問 1

兵士の自己犠牲は、近代国家のナショナリズムの場合にも見られますが、資本主義的経営の場合にも似たようなケースがあります。たとえばどのような場合だと思いますか?

問 2

ポトラッチのような富の再配分に関して、現代社会で似たようなものは見つけられるでしょうか?

問 1

問 2

宗教という経済事業

神殿や寺院の建造で経済が活性化する

　古い社会では、生活そのものに霊や神々の信仰や儀礼が織り交ぜられていたのだとすれば、出発点においては政治も経済も宗教と切り離せないものだったということになります。たとえば交易拠点はそのまま祭祀センターであったりしました。

木を伐り出し伊勢まで運ぶ

第1週　第2週　第3週

① ② ③ ❹ ⑤

　宗教は昔から巨大な神殿や寺院をもたらしています。実際、建築史の出発点にあるのは、城塞や宮殿でないとすれば、神殿や寺院です。ギリシア神話時代のパルテノン神殿、ビザンツ帝国のアヤ・ソフィア大聖堂、中世のパリに建造されたノートルダム大聖堂、あるいは日本の古代史を彩る数々の仏教建築——法隆寺、東大寺、薬師寺など——を造営するのは、経済活動としてのたいへんなプロジェクトだったはずです。

　今日でも、20年に一度、社殿や宝物をすべて造り替える伊勢神宮の式年遷宮の行事は一大経済プロジェクトであり、日本各地のさまざまな産業や技術の活性化に役立っています。

　さて、そうした公共事業としての宗教建築の最古にして最たるものがピラミッドだと言われています。これは古代の帝王が奴隷に鞭当てて造ったものではなく、民衆に対価を払いつつ行った経済的プロジェクトだったのです。

ピラミッド
Photo by Ricardo Liberato "All Gizah Pyramids" (2006)

初期仏教の経済倫理

欲を持ちすぎず、快楽に溺れすぎず、人に与える

次は初期仏典の言葉です（中村元編『原始仏典』筑摩書房）。

> 道の人〔修行者〕は貨幣も金も銀も手にすることなく、ただ現在〔今施されたもの〕によって生きる。（『テーリーガーター』）

▶ 出家修行者は金銭にはタッチせず、今施されたものによって暮らします。

> 最上の人とは、法に従って得た富を散ずることによって、努力精励して得たものを人に与える。（増支部経典）

▶ 仏教で重要なのは、こだわりのない贈与（布施）です（P44参照）。

> 園を設け、林を設け、橋を作り、給水所と井泉と休息所とを作って与える人々、——彼らの善〔功徳〕は昼夜に増大する。（相応部経典）

▶ 福祉のために財産を投ずるのは、来世をよくする行為です。

> おびただしい富あり、黄金あり、食物ある人が、ただひとり美味を食するならば、これは破滅への門である。（『スッタニパータ』）

▶ 裕福な人が富を独り占めするのは、来世を悪くする行為です。

> ……実にこの良家の人は財の収入と財の支出とを知って釣合のとれた生活をなし、あまりに奢侈に堕せず、あまりに窮乏に堕しない。（増支部経典）

▶ 快楽にも禁欲にも行き過ぎのないのが理想のようです。

プロテスタントの職業観

勤勉に働くことが神への奉仕になる

世俗の仕事も宗教的行為に

16世紀の「宗教改革」により、西欧地域ではローマカトリック教会の中央集権体制から離脱する地域が増え、総称してプロテスタントと呼ばれる諸教会が成立しました。

中世のカトリックでは、真の意味で神から召されて宗教的奉仕を行うのは、司祭（神父）や修道士といった特別の聖職者に限られていました。

しかし宗教改革の口火を切ったマルティン・ルター（1483-1546）によれば、王侯であれ、商人、手工業者、農民であれ、あらゆる人間が自らの職業生活を通じて神に奉仕すべきなのでした。俗界の経済生活もそのまま宗教的意味をもつようになったのです。

利益はひたすら次なる投資へ

ルター派と並んで宗教改革を進めたカルヴィニズムには「予定説」という思想がありました。これは神の権威を絶対化するもので、誰が救われるかは神がとっくに決めてしまったというのです。だから人間は善行を通じて神の歓心を買おうと思っても無駄です。では、人間に何ができるかというと、ひたすら勤勉かつ禁欲的に天職の義務を果たすのみです。

懸命に働けば富が増します。しかし利益を自分のために使ってはいけません。次なる資本投下に回すだけです。するとますます富が蓄積します。このようにしてパターン化した禁欲的生活が、近代資本主義のシステムの発展に寄与したとも言われています。

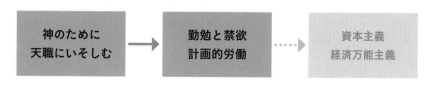

20世紀初頭、社会学者の**マックス・ウェーバー**はこうしたプロセスが実際に起こったと考え、これが西欧や米国などのプロテスタント諸国で近代的資本主義が確立する原因の一つとなったと主張しました（『プロテスタンティズムの倫理と資本主義の精神』、1920年）。これがどこまで史実にあっているかは不明ですが、宗教と経済の関係を考えるうえで影響力ある理論の一つとなりました。

教会の金儲けを批判したルター

カトリック教会では、人は死後に煉獄で生前の罪を浄めて天国に行くと考えています。中世末期には、煉獄での罰を軽減するために贖宥状（しょくゆうじょう）（免罪符）というものを教会から買うことが勧められました。これは教会の財源となりました。

贖宥状（免罪符）

ⒸBridgeman Images/amanaimages

このシステムに異を唱えたのがドイツのマルティン・ルターです。1517年に彼は「95箇条提題」なるものを書き、贖宥の効力について自己の見解を表明しました。宗教改革の始まりです。

マルティン・ルター

219

宗教的情熱がもたらした経済の発展について、次の文を読み ポイントを理解しましょう。

　こういう人々〔17世紀英国のプロテスタントの小事業者〕は、金儲け をしようなどと思っていたわけではなく、神の栄光と隣人への愛のために、 つまり、神からあたえられた天職として自分の世俗的な職業活動に専心し た。しかも、富の獲得が目的ではないから、無駄な消費はしない。それで 結局金が残っていった。残らざるをえなかった。A これは彼らが隣人愛を 実践したということの標識となり、したがってみずからの救いの確信とも なった。〔略〕

〔略〕他面では、彼らのそうした行動は結果として、これまた意図せず て、B 合理的産業経営を土台とする、歴史的にまったく新しい資本主義の 社会的機構をだんだんと作り上げていくことになった。そして、それがしっ かりとでき上がってしまうと、こんどは儲けなければ彼らは経営をつづけ ていけないようになってくる。資本主義の社会機構が逆に彼らに世俗内的 禁欲を外側から強制するようになってしまったわけです。こうなると信仰 など内面的な力はもういらない。いつのまにか、〔略〕信仰は薄れていく ことになる。〔略〕

（マックス・ウェーバー『プロテスタンティズムの倫理と資本主義の精神』、

岩波書店、大塚久雄による「訳者解説」より）

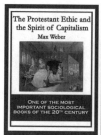

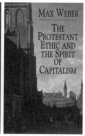

これはウェーバーの議論を訳者が要約的に記したものです。

問 3

Ａ の意味に最も近いものを選んでください。

　　ア　金儲けに徹することが、隣人愛という救いをもたらした。

　　イ　神に尽くすつもりで、金儲けという救いを得た。

　　ウ　事業の成功に、天国に行ける予兆を感じ取った。

問 4

Ｂ が含意するものとしては、次のどれが最も適切ですか。

　　ア　資本主義の存続のためには信仰が必要だ。

　　イ　信仰は自ら生み出したものによって追い出された。

　　ウ　信仰とは見せかけであり、実は資本主義が目的だった。

問 3

[　　　　　　　　　　　]

問 4

[　　　　　　　　　　　]

問 1

昭和時代の日本社会のように、会社に滅私奉公することによって、会社が繁栄し、社会が繁栄するといった場合。（これがうまくいかなくなると、ブラック企業への奉仕や「やりがい搾取」のようなものになる）。

ポイント ▶ 誰かの自己犠牲によってシステムを維持するというパターンは、宗教にも国家にも企業にも共通してあり得ます。ただ、自己犠牲の目標は、宗教の場合には来世の幸福、国家の場合には名誉、企業の場合には年功序列による晩年の見返りと、違いがあります。

問 2

富裕者が鷹揚に大金を寄付するといった行為（制度化されたものとしては、富裕な者ほど所得税が高くなるという累進課税の方式）。

ポイント ▶ 激しい格差社会になった今日、富裕者自身が課税を求めるというケースもあるようです。いずれにせよ、自発的である場合は自己犠牲の論理に近いですね。

問 3

ウ　事業の成功に、天国に行ける予兆を感じ取った。

ポイント ▶ 信仰においては、あくまで神本位という建前があります。ですから、厳密に言えば、自分の金儲けのために行動してはならず、それどころか自分の天国行きが目的になってもいけないとされます。もっとも、神のためだけに勤勉に働いて、一切自分の救いを求めないというのは、心理的にはあり得なさそうですね。

問 4

イ　信仰は自ら生み出したものによって追い出された。

ポイント ▶ つまりウェーバーの論理によれば、近代資本主義が生まれたのは歴史の皮肉だということです。さらにウェーバーは自動機械と化した資本主義は人間から主体性を奪うと思っていたようです。

❖

宗教は聖の、経済は俗の領分とされ、対立的な領域のように思われています。しかし宗教家といえども体を持つ身ですから食の心配をしなければなりません。霞を食うような宗教家の話は、あくまで理想、神話です！

❖

宗教学の方法・まとめ

宗教学を構成するさまざまな学問

あらゆる学問と結びつく宗教学

人類学・社会学・心理学……

　宗教学とは、個人的信仰を離れて、宗教を客観的に研究する学問です。社会学でも、心理学でも、哲学でも、歴史学でも、宗教の客観的研究を含んでいれば、それは宗教学の一翼をなすということになります。歴史的にどのような分野の学者が宗教学に貢献してきたか、本章で概観したいと思います。

　なお、宗教学に当たる英語としては次のような語があります。

　　　Religious studies（宗教学）

　　　History of religion(s)（宗教史学）

　　　Comparative religion（比較宗教学）

第1週
第2週
第3週

① ② ③ ④ ⑤

1 人類学との結びつき…神話や呪術

　人類学は、主に、歴史的諸文明から距離的にも文化的にも離れた諸部族・諸民族の社会──いわゆる「未開社会」──の仕組みを主にフィールドワークを通じて研究する学問で、20世紀に華々しい成果を上げました。人類学には、キリスト教文明こそが人類社会の頂点と考えた20世紀初めまでの欧米人の意識を相対化するというような目的も含まれていたようです。

　近代欧米よりシンプルな社会の研究を通じて、宗教の本質にかかわるような知見が多くもたらされました。

　タイラー (1832-1917)：宗教の起源をアニミズム（→ 156 ページ）に求める

　フレーザー (1854-1941)：大著『金枝篇』(1890 初版) で知られる古典的な人類学者。呪術（→ 183 ページ）から宗教へという流れを提唱

　マリノフスキー (1884-1942)：フィールドワーク研究を推進

　ラドクリフ・ブラウン (1881-1955)：社会構造を支える機能を研究

　ファン・ヘネップ (1873-1957)：通過儀礼の働きを研究

　レヴィ＝ストロース (1908-2009)：親族の構造や神話体系の構造をめぐる洞察を通じて「構造主義」という哲学分野に貢献

---

2 社会学との結びつき…社会的機能

社会を研究する社会学も、当然宗教を対象にすることができます。その場合の宗教を宗教団体というふうに限定的に捉えるならば、一個の共同体としての教団の制度的側面の研究、教団の社会貢献の研究、政教分離の中での教団の立ち位置の研究などを行うことになります。

他方、教団や伝統的な意味での宗教制度を超えて、宗教を社会の中の一つの機能と捉えて研究することもできます。古典的な社会学者の中には、次に示すデュルケムやウェーバーなど、宗教の本質に迫るような研究を行った学者もいます。

社会学者ベラーが提唱した「アメリカ市民宗教」概念

合衆国大統領就任式で聖書に手を当てて誓うバイデン氏 ⒸZUMAPRESS/amanaimages

エミール・デュルケム (1858-1917)：社会学の樹立者の一人
宗教＝物事を聖と俗の2分法で捉える思考様式と考え（62ページ参照）、宗教のシンボルの働きが社会を形成すると捉えた
マックス・ウェーバー (1864-1920)：社会学の樹立者の一人
ヨーロッパのみが普遍的な合理的文化を生み出した理由を探り、宗教の働きを重視『プロテスタンティズムの倫理と資本主義の精神』は有名（219ページ参照）
ロバート・ベラー (1927-2013)：
江戸時代の宗教の研究者としてスタートした、日本に縁のある学者
のちにアメリカの政治文化に顕著に見られる宗教性に注目し「市民宗教」という概念を提唱

3 心理学との結びつき…人間の心

宗教は個人の心のあり方に深くかかわっています。心理学的な研究が宗教に対する新たな知見をもたらすこともしばしばあります。宗教の心理を宗教

固有のものとみなすものも、精神病や神経症という観点から分析するものも
あり得ます。

ウィリアム・ジェイムズ (1842-1910)：哲学者で宗教心理学の草分けとし
て知られます。『宗教的経験の諸相』（→ 16 ページ）では、人間には楽天
的で自然の営みの中に神を感じたりするタイプ（「健全な心」と呼んだ）と、
苦悩を通じて神へと回心するような悲観的なタイプ（「病める魂」と呼ん
だ）とがあることを主張しました。

C・G・ユング (1875-1961)：分析心理学者。精神分析学のフロイトの弟子
でしたが、師が性を強調するのに対して、心の生み出す宗教的象徴の働き
を重視しました。自ら神秘主義的で宗教的なところのある学者です。

---

④ その他の学問との結びつき

　宗教の客観的研究は、さまざまな学問に広がっています。歴史学者は宗教
の歴史を（教団が伝えるのとは違った形で）実証的に研究してきましたし、
文献学者は教典の成立過程や内容について（伝統的な解釈とは違った形で）
新たな知見をもたらしました。神話をさまざまな観点から研究する神話学と
いう学問もあります。

　宗教研究が思想的意図をもって行われることもあります。諸文献の比較研
究を通じて宗教現象の象徴的意味を解釈し、宗教や神話をめぐるさまざまな
概念的フレームワークを提出したミルチャ・エリアーデ（1907-86）は、そ
の博識と宗教の普遍的意義に対する強い信念によって知られています。

ここに注目！ 日本の宗教学の成果…新宗教の研究

　明治期に西洋の諸学の研究を始めた日本では、すでに仏教哲学を含むインド哲学の文献学的研究のみならず、諸宗教を比較する宗教学の研究も盛んに行われました。

　日本の宗教学は、とくに幕末から昭和にかけての新宗教運動の詳細な歴史や、生命や生命環境との調和を強調する新宗教独自の世界観を明らかにするという成果を上げました。

> **日本の宗教学の成果**
>
> 昭和の宗教学者として有名な岸本英夫（1903-1964）の「宗教とは、人間生活の究極的意味をあきらかにし、人間の問題の究極的な解決に関わりをもつと、人々によって信じられているいとなみを中心とした文化現象である」という宗教定義はしばしば引用されます。

ここに注目！ 宗教と芸術もつながっている

　宗教はさまざまな芸術領域にかかわっています。

　音楽史の研究は古代・中世の宗教音楽から始まります。

　建築史の研究は、神殿や寺院の研究と結びついています。

　美術史もまた、古代や中世の研究対象のほとんどは宗教画や宗教彫刻です。そうした美術における宗教や文化ごとの約束事を研究する図像学という学問もあります。

現代の五線譜につながる中世の聖歌の譜
©Alamy Stock Photo/amanaimages

約束事にしたがって描かれた曼荼羅

宗教学そのものについての基礎知識を確認しましょう。

問 1

宗教学に関する一般的説明として適切なものはどれですか？

　A 宗教学は信仰を究めるための学問である。
　B 宗教学は諸宗教を客観的に比較する学問である。
　C 宗教学は他の人文・社会科学系の諸学問からまったく
　独立した独自的な学問である。

問 2

文中の空欄に適切な語を入れてください。

　宗教学にはさまざまな分野からの寄与があった。人類学者のタイラーは〔
❶　〕を宗教の最も原始的な形態だと考えた。名著『金枝篇』の著者〔　❷　〕
は呪術の研究でも有名である。マリノフスキーは、現地民と生活をともにす
る〔　❸　〕を行ったが、これは今日の人類学の標準的な手法となっている。

　社会学の樹立者の一人である〔　❹　〕は、聖俗の対立を宗教の基本と
考えた。もう一人の樹立者であるマックス・ウェーバーは〔　❺　〕の倫
理が近代資本主義のシステムの形成に決定的な役割を果たしたのではない
かと考えた。

　宗教心理の研究者としては、楽天的な「健全な心」タイプの人と悲観的
な「病める魂」タイプの人とを対比させて論じた〔　❻　〕が今日でもよ
く読まれている。

　諸宗教についての該博な知識で知られる〔　❼　〕は、宗教現象の象徴
的意味を解釈した。

問 1

[   ]

問 2

[❶   ]

[❷   ]

[❸   ]

[❹   ]

[❺   ]

[❻   ]

[❼   ]

民俗学と宗教学の隣接

民衆文化には宗教的要素が含まれている

日本のカミは先祖の霊

「民族学 ethnology」が諸民族ひいては人類一般の文化を研究する学問（ということはつまり実質的に人類学）を意味するのに対し、「民俗学 folklore」は、いわゆる文明諸国の学者が自国民の伝統的な日常生活の文化を調べようという動機で生まれたものです。一般民衆の伝統的文化となれば、やはり土俗的な霊や神々の信仰や儀礼が切り離せないわけで、これもまた宗教学の一翼を担う学問だと言えます。

第1週
第2週
第3週

① ② ③ ④ ⑤

民族学 ethnology	民俗学 folklore
人類（諸民族）の文化の研究	自国の日常文化の研究

民俗学は 19 世紀末の英国で生まれました。日本では 20 世紀初頭に柳田国男（1875 〜 1962 年）他が刊行した雑誌『郷土研究』が民俗学的研究の嚆矢とされます。

農業政策の専門家であった柳田は 1908 年の九州旅行で山奥の村落に残った古来からの文化に触れ、また、岩手県東部の山間、遠野地方の出身者から当地に不思議な伝承があることを知って、民俗学的研究へと転身しました。

柳田説によると、日本のカミの本質は先祖の霊です。死んでも遠い天国や極楽に向かうのではなく、家の裏山や村の境界となる山に登って鎮まります。四十九日などの供養を経たのち漠然とした「先祖」へと合流していきます。これが民俗信仰レベルの日本人の来世観だというのです（なお、柳田は自身の和歌の師匠の宗教思想の影響を受けていたようです）。

民俗学はその後さまざまな学者を輩出しましたが、20 世紀中に日本の農村社会そのものが大きな変化を被りました。都市化現象に対応して近代社会の生活史などの研究にも展開しています。

日本人の民俗的生活

▶参拝……神社ではパンパンと拍手して拝み、お寺では数珠などを手にして「念仏」などを唱えて仏を拝みます。

▶ハレとケ……年中行事の祭りの日や、個人的な通過儀礼のお祝いの日はハレであるとされます。ハレの反対はケで、聖 VS 俗の対立に似ています。

▶暦……昔は農業に欠かせなかった暦は、日の吉凶まで教えてくれるマジカルなツールでした。今日では「大安」「友引」などとされる日に行事を行ったり避けたりする習慣があります。

▶年中行事

正月に門松を立てて雑煮を食う。

節分に豆を撒いて邪気を払う。

お彼岸に墓参りをする。

お盆に帰ってきた先祖を迎えて供養する。

夏祭りに参加して神輿を担ぐ。

田んぼが実ると秋祭りを行う。

年越しに蕎麦を食す。

などなど……

お盆にご先祖を送り迎えする
精霊馬

七五三のようす

▶通過儀礼

三々九度の盃をかわして夫婦になる。

子どもができたら 7 日目に産神を祭って「お七夜」をする。

子どもの成長にあわせて七五三の行事を行う。

厄年のお祓いをする（男は 42 歳、女は 33 歳の大厄などがある）。

60 歳を越せば還暦を祝って

赤いちゃんちゃんこを着る。などなど……

▶葬式と法要

死ぬと枕元に飯を盛って箸を立て、親類が集まって通夜を行う。

葬式の読経が済めば、火葬か土葬にする。

初七日から四十九日まで幾度か法要を営み、三十三回忌まで続ける。

などなど……

宗教の衰退で多様化する死生観

死生学という学問がうまれる

死に関する思いを研究する

宗教にはそれぞれ固有の来世のビジョンがあります。仏教であれば輪廻転生や、極楽往生などです。キリスト教であれば死後や終末の審判ののちに現われる天国あるいは地獄などです。

こうした公式の来世ビジョンの他にも、人々はさまざまな死のビジョンをもっています。たとえば民俗学などが説く、日本人の先祖の国のビジョン（→ 230 ページ）や、欧米で民間信仰的に広がっている死者の霊との交流の儀式（降霊術）などの世界です。

さらに、個人的に「死後は無になる」と信じて、来世の存在を否定する立場もあります。「自然に帰る」という言い方もよくなされます。

また、身内や友人の死を通じて、「あの人は今どこにいるのだろう？」と感じる素朴な思いもあれば、「人生とは何か」という哲学的な思索に導かれるということもあります。

このように、自分の死や死後、他者の死や死後に関する思いや、それを介した人生に対する思いをまとめて死生観あるいは生死観と呼ぶことが増えてきました。そしてそのようなビジョンについて宗教学的（民俗学的、社会学的、心理学的……）に研究する学問を死生学と呼ぶようになりました。

これは、現代社会において伝統宗教が衰退するにつれて、死や死後についての考え方も多様化してきていることと関係があるでしょう。

死生学ではたとえば、第三者的立場で死に接するか（三人称の死）、身近な人の死に立ち会うか（二人称の死）、自らの死をどう迎えようとするか（一人称の死）で死の様相が変わると言います。

第1週
第2週
第3週

①
②
③
④
⑤

　　　一人称の死……自らの死への覚悟

　　　二人称の死……身近な愛する者の死への思い

　　　三人称の死……ニュートラルで科学的な死の見方

おさえておきたいキーワード

聖と俗	宗教に見られる二分法的世界観。聖はタブー（禁忌）によって守られる。世俗の二分法があることをもって宗教定義とすることも多い。	62 ページ
呪術	超自然的な方法で（非科学的な因果の推定によって）意図する現象を起こそうとする行為。	19 ページ
神話	様々な民族がもっている世界や人間や物事の起源などに関する物語。しばしば神々、先祖、英雄が活躍する。	42 ページ
儀礼	一定のやり方で振る舞う個人の動作や共同体の行事。神への礼拝や、呪術的な振る舞いや、修行の定式や、出来事の記念などのために行われる。	65 ページ
戒律	しばしば神仏が定めたとされる規則や規範。	41 ページ
修行	宗教的な人格を育成するための一連の身体的・精神的な訓練。	135 ページ
教典	宗教伝統や教団が権威を認める文書。神話、開祖の伝記、戒律などを含む。	40 ページ
アニミズム	霊の観念を中心とする文化システム。霊を操作する専門家（シャーマン）を中心とする文化をシャーマニズムと呼ぶ。	26 ページ
多神教と一神教	神々（神）の信仰。一神教の神は唯一の絶対者とされる。	29 ページ
救済宗教	人々を普遍的に救うことを提唱する宗教。仏教、キリスト教、イスラム教などを典型とする。	71 ページ
世俗化	近代化とともに公共社会から宗教が撤退していく現象。	106 ページ
ファンダメンタリズム	【狭義】プロテスタントの保守的な一派（根本主義）を指す。【広義】教典の字義通りの信仰など「硬直した」と見られる姿勢。原理主義などと訳す。	189 ページ
カルト	反社会的な比較的少数の教団。終末思想や強い教祖崇拝が見られることが多い。	76 ページ
スピリチュアリティ	宗教のうち、個人の心の次元を指す。組織的な宗教と対比される現象。霊性。	64 ページ

宗教学の重要キーワード確認と日常生活への応用問題で、最後の仕上げを行いましょう。

問 3

文中の空欄に適切な語を入れてください。

　宗教の特徴としてしばしば〔　❶　〕と俗との二分法的な対立の論理をもつことが挙げられる。宗教が通例もつ、世界や社会の起源などについて語る物語を〔　❷　〕と呼ぶ。すべての宗教が、霊や、単数・複数の〔　❸　〕の観念をもっているわけではない。

　宗教は個人的に、あるいは集団で一定の振る舞いを行う〔　❹　〕をもつのが普通である。人類は昔から〔　❺　〕によって超自然的な力を借りて自然を動かそうとしてきたが、これも宗教の重要な要素である。

　宗教の多くは、神や開祖の教えを通じて人々を正しい道に導こうとするが、そうした教えが〔　❻　〕として成文化されていることも多い。信者は〔　❼　〕を守ることで正しい生活を送ろうとし、また善行や祈りなどを通じて、救済を得ようとする。

問 4

お寺の葬式は、宗教の儀礼です。それは「読経（お経を誦す）」「焼香（香で死者に挨拶する）」などの要素でできています。さて、学校の卒業式は通例宗教とは無関係の世俗の行事ですが、ここにも儀礼的要素を指摘することができます。思いつくものをいくつか挙げてみてください。

問 3

[❶   ]

[❷   ]

[❸   ]

[❹   ]

[❺   ]

[❻   ]

[❼   ]

問 4

問 1

B 宗教学は諸宗教を客観的に比較する学問である。

問 2

宗教学にはさまざまな分野からの寄与があった。人類学者のタイラーは〔❶アニミズム〕を宗教の最も原始的な形態だと考えた。名著『金枝篇』の著者〔❷フレーザー〕は呪術の研究でも有名である。マリノフスキーは、現地民と生活をともにする〔❸フィールドワーク〕を行ったが、これは今日の人類学の標準的な手法となっている。

社会学の樹立者の一人である〔❹エミール・デュルケム〕は、聖俗の対立を宗教の基本と考えた。もう一人の樹立者であるマックス・ウェーバーは〔❺プロテスタンティズム〕の倫理が近代資本主義のシステムの形成に決定的な役割を果たしたのではないかと考えた。

宗教心理の研究者としては、楽天的な「健全な心」タイプの人と悲観的な「病める魂」タイプの人とを対比させて論じた〔❻ウィリアム・ジェイムズ〕が今日でもよく読まれている。

諸宗教についての該博な知識で知られる〔❼ミルチャ・エリアーデ〕は、宗教現象の象徴的意味を解釈した。

問 3

宗教の特徴としてしばしば〔❶聖〕と俗との二分法的な対立の論理をもつことが挙げられる。宗教が通例もつ、世界や社会の起源などについて語る物語を〔❷神話〕と呼ぶ。すべての宗教が、霊や、単数・複数の〔❸神〕の観念をもっているわけではない。

宗教は個人的に、あるいは集団で一定の振る舞いを行う〔❹儀礼〕をもつのが普通である。人類は昔から〔❺呪術〕によって超自然的な力を借りて自然を動かそうとしてきたが、これも宗教の重要な要素である。宗教の多くは、神や開祖の教えを通じて人々を正しい道に導こうとするが、そうした教えが〔❻教典〕として成文化されていることも多い。信者は〔❼戒律〕を守ることで正しい生活を送ろうとし、また善行や祈りなどを通じて、救済を得ようとする。

問 4

「卒業生入場（行進）」「国歌などの斉唱」「卒業証書の授与式」「校長や来賓の式辞」「卒業生代表の答辞」「校歌斉唱」など。

---　❁　---

いかがでしたか？　先人の文献から学び、新しい時代の宗教学をつくる。現実を観察しつつ、あなた自身の見解を構築しましょう。

---　❁　---

　ここでは「初歩」レベルの人への入門的機能をもちつつ、本格的研究者まで
が参照できる充実度を備えていると言える本を紹介します。

『宗教学キーワード』
島薗進・葛西賢太・福嶋信吉・藤原聖子編、有斐閣双書

　「現代の生の現場から問う」「宗教の立場に即して考える」「宗教に距離をとっ
て問う」の3部立てで、宗教をめぐる非常にたくさんの問い、視点、見解を教
えてくれます。

シリーズ「いま宗教に向きあう」 I 〜 4
岩波書店

国内編 I　『**現代日本の宗教事情**』堀江宗正責任編集
国内編 II　『**隠される宗教、顕れる宗教**』西村明責任編集
世界編 I　『**世俗化後のグローバル宗教事情**』藤原聖子責任編集
世界編 II　『**政治化する宗教、宗教化する政治**』池澤優責任編集

　たくさんの論考を集めたもので、宗教問題の現在を把握するには必読の文献
です。

『図解雑学　宗教』
井上順孝著、ナツメ社

　仏教、キリスト教、イスラム教、新宗教……といった世界の諸宗教について
のそこそこ詳しい中級レベルの知識を得るための本も必要です。さまざまなも
のがありますが、手軽かつまとまりの良いものとしてこれを挙げておきましょ
う。

『宗教学大図鑑』
ドーリング・キンダースリー社編　島薗進・中村圭志日本語版監修　豊島実和訳、三省堂

　諸宗教のロジックについて、それぞれの宗教自身の立場をフローチャート型
の図解で示した本です。宗教の思想構造が分かるという点、海外における宗教

の扱い方が分かるという点、そして有益なカラー写真があるという点で、お薦めできます。

『図解　世界5大宗教全史』
中村圭志著、ディスカヴァー・トゥエンティワン

　私もイラスト図解した世界の諸宗教のガイドブックを書いてみました。仏教、ヒンドゥー教、ユダヤ教、キリスト教、イスラム教、その他の宗教、そして宗教学の諸相という構成で、図表だけでなく楽しいイラストを通じてポイントを感じ取っていただく工夫を施しています。

『ジェンダーで学ぶ宗教学』
田中雅一・川橋範子編、世界思想社

　古典的大宗教が成立した前一千年紀からの時代とは父権優位の時代でもあり、宗教もまた男性優位を大前提として構築されています。これはもちろん批判していかなければなりません。本書は仏教、キリスト教……、神話、儀礼……、生命倫理、性的少数者……といったテーマごとに各種の論文を集めたもので、従来の宗教学にない視点を提供しています。

「わかったつもり」で終わらない独学シリーズ
世界の深層をつかむ宗教学

発行日　2021年10月25日　第1刷

Author	中村圭志
Book Designer	MORNING GARDEN INC.（田中正人）
Illustrator	MORNING GARDEN INC.（玉井麻由子）

Publication　　株式会社ディスカヴァー・トゥエンティワン
　　　　　　　〒102-0093　東京都千代田区平河町2-16-1 平河町森タワー11F
　　　　　　　TEL 03-3237-8321（代表）　03-3237-8345（営業）　FAX 03-3237-8323
　　　　　　　https://d21.co.jp/

Publisher　　谷口奈緒美
Editor　　　　藤田浩芳　渡辺基志　橋本莉奈

Store Sales Company
　　古矢薫　佐藤昌幸　青木翔平　青木涼馬　越智佳南子　小山怜那　川本寛子　佐藤淳基
　　副島杏南　竹内大貴　津野主揮　野村美空　羽地夕夏　廣内悠理　松ノ下直輝　井澤徳子
　　藤井かおり　藤井多穂子　町田加奈子

Digital Publishing Company
　　三輪真也　梅本翔太　飯田智樹　伊東佑真　榊原僚　中島俊平　松原史与志　磯部隆
　　大崎双葉　岡本雄太郎　川島理　倉田華　越野志絵良　斎藤悠人　佐々木玲奈　佐竹祐哉
　　庄司知世　高橋雛乃　滝口景太郎　辰巳佳衣　中西花　西川なつか　宮田有利子　八木眸
　　小田孝文　高原未来子　中澤泰宏　石橋佐知子　俵敬子

Product Company
　　大山聡子　大竹朝子　小関勝則　千葉正幸　原典宏　藤田浩芳　榎本明日香　王廳
　　小田木もも　佐藤サラ圭　志摩麻衣　杉田彰子　谷中卓　橋本莉奈　牧野類　三谷祐一
　　元木優子　安永姫菜　山中麻吏　渡辺基志　安達正　小石亜季　伊藤香　葛目美枝子
　　鈴木洋子　畑野衣見

Business Solution Company
　　蛯原昇　早水真吾　安永智洋　志摩晃司　野﨑竜海　野中保奈美　野村美紀　林秀樹
　　三角真穂　南健一　村尾純司

Corporate Design Group
　　大星多聞　堀部直人　村松伸哉　岡村浩明　井筒浩　井上竜之介　奥田千晶　田中亜紀
　　福永友紀　山田諭志　池田望　石光まゆ子　齋藤朋子　竹村あゆみ　福田章平　丸山香織
　　宮崎陽子　阿知波淳平　石川武蔵　伊藤佐笑　岩城萌花　岩淵瞭　内堀瑞穂　遠藤文香
　　大野真里菜　大場美帆　金子瑞実　河北美汐　吉川由莉　菊地美恵　工藤奈津子
　　黒野有花　小林雅治　坂上めぐみ　関紗也乃　高田彩菜　瀧山響子　田澤愛実　巽菜香
　　田中真悠　田山礼真　玉井里奈　常角洋　鶴岡蒼也　道玄萌　中島魁星　永田健太
　　夏山千穂　平池輝　星明里　前川真緒　松川実夏　水家彩花　峯岸美有　森脇隆登

Proofreader	文字工房燦光
DTP	トモエキコウ（荒井雅美）
Printing	日経印刷株式会社

・定価はカバーに表示してあります。本書の無断転載・複写は、著作権法上での例外を除き禁じられています。
インターネット、モバイル等の電子メディアにおける無断転載ならびに第三者によるスキャンやデジタル化もこれに準じます。
・乱丁・落丁本はお取り替えいたしますので、小社「不良品交換係」まで着払いにてお送りください。
・本書へのご意見ご感想は下記からご送信いただけます。
https://d21.co.jp/inquiry/

ISBN978-4-7993-2783-8　©Keishi Nakamura, 2021, Printed in Japan.

Discover

人と組織の可能性を拓く
ディスカヴァー・トゥエンティワンからのご案内

本書のご感想をいただいた方に
うれしい特典をお届けします！

特典内容の確認・ご応募はこちらから

https://d21.co.jp/news/event/book-voice/

最後までお読みいただき、ありがとうございます。
本書を通して、何か発見はありましたか？
ぜひ、感想をお聞かせください。

いただいた感想は、著者と編集者が拝読します。

また、ご感想をくださった方には、お得な特典をお届けします。